Was man über Sylt wissen sollte

Jan Mayen

W0002916

Ellert & Richter Verlag

Inhalt

5   Die Insel

199   Sylt-Literatur (Auswahl)

200   Autor/Impressum

Die Insel

Viele Wellen hat der „Blanke Hans" gegen die Insel gejagt, um sie in sein Meeresreich zu holen. Die Angriffe der See sind nicht ohne Folgen geblieben, ebenso wenig wie die Erschließung der Insel durch den Tourismus. Sylt hat vieles von seiner Ursprünglichkeit verloren und opferte bei jeder Sturmflut und jedem neuen Bebauungsplan Substanz. Und doch ist Sylt *die* Insel geblieben, an der deutschen Nordseeküste unvergleichlich mit ihrer Natur und Geschichte. Dramatische, Jahrmillionen und Jahrhunderttausende zurückreichende geologische Vorgänge, darunter die Eiszeiten, haben den Inselkörper aufgebaut, und die Nordsee hat ein Übriges getan. Das Listland mit seinen Wanderdünen und die lange Sylter Südspitze zwischen Rantum und Hörnum sind aus Meeressand entstanden. Zwischen den leuchtenden Dünen wächst die weite Flächen bedeckende Heide, nur im August geschmückt vom rosa-violetten Blütenkleid. „Di hiid es briir", die Heide ist Braut, heißt es dann auf Sylt.

Schon früh hinterließ der Mensch seine Spuren in der Landschaft. Der Denghoog bei Wenningstedt ist die größte prähistorische Grabkammer in Nordeuropa, aus mächtigen Findlingen aufgebaut in der Jungsteinzeit, etwa 3000 Jahre vor unserer Zeitrechnung. Hier und da liegen runde Hügelgräber auf den Geesthöhen, fast alle der Bronzezeit angehörend. Und dunkel hebt sich der Ringwall der Tinnum-Burg über die Marschenebene – alles umsponnen von einem

Sagenkranz, wie er in keiner anderen Landschaft zu finden ist.

Die „alten Germanen" verschwanden über See nach Süden und Westen. Aber von Holland wanderten Friesen und von Norden Wikinger ein, und bald bildete sich ein Seefahrervolk heran, das Handelsfahrten auf der Nord- und Ostsee und später über alle Meere der Welt betrieb. Mit der Teilnahme am holländischen und Hamburger Walfang traten die Inselfriesen in die schriftlich überlieferte Geschichte ein, gleichzeitig stellten sie auch Mannschaften auf Handelsschiffen nordeuropäischer Hafenstädte. Aus keiner anderen Region sind über fast 500 Jahre – bis zum Anfang des 20. Jahrhunderts – mehr Schiffer, Kommandeure und Kapitäne hervorgegangen als von den Nordfriesischen Inseln.

Dann aber brach der Fremdenverkehr in die bis dahin abgeschlossene Inselwelt ein. Westerland wurde 1855 Seebad. Bald folgten auch die anderen Inselorte, und die Harmonie der Orts- und Landschaftsbilder sowie die Homogenität der Bevölkerung begannen sich aufzulösen – ein Vorgang, der bis in die Gegenwart andauert. Wenn man die heutigen Eigentumsverhältnisse auf Sylt betrachtet, dann bleibt als Resultat, dass die Sylter zu viel aus der Hand gegeben haben. Auf der anderen Seite aber waren es oft die „Zugewanderten", die „Fremden", die die Werte der Insel und ihrer Natur erkannten und sich um deren Schutz bemühten.

Sylt ist mit knapp 99 Quadratkilometern die größte deutsche Nordseeinsel. Auf der Seeseite erstreckt sie sich über eine Länge von 38,5 Kilometern, die größte Breite zwischen Westerland und Nösse-Odde beträgt 12,5 Kilometer. Mancherorts, so am Königshafen-Ellenbogen und auf dem langen Nehrungshaken zwischen Rantum und Hörnum, ist Sylt nur wenige Hundert Meter breit.

List, Kampen, Wenningstedt, Braderup, Munkmarsch, Keitum, Archsum, Morsum, Tinnum, Rantum und Hörnum sowie die Stadt Westerland sind die Ortschaften Sylts, bewohnt von etwa 21 000 Insulanern mit Erstwohnsitz. Es gibt aber angeblich etwa 3000 Pendler, darunter zahlreiche Sylter, die wegen der Mieten und Immobilienpreise nicht mehr auf der Heimatinsel wohnen können. Sie pendeln täglich über den Hindenburgdamm zwischen ihren Wohnungen auf dem Festland und ihren Arbeitsplätzen auf der Insel. Zusätzlich zählte Sylt schon Mitte der 1990er Jahre etwa 12 500 Zweitwohnungen von Auswärtigen, die infolge des „Ausverkaufs" von Grund und Boden mancherorts einen hohen Prozentsatz ausmachen. Ganze Ortsteile, die nur im Sommer genutzt werden, liegen im Winter im Dunkeln. Der Fremdenverkehr ist die dominierende Erwerbsquelle. Landwirtschaft, Fischerei und Industrie spielen demgegenüber fast keine Rolle. Auch der frühere Arbeitgeber Bundeswehr ist bis auf Reste verschwunden. In den Medien erscheint Sylt allzu oft als die Insel der Stars und Sternchen. Aber sie prägen nur das Sylter Klischee. Natur und Geschichte sind so vielfältig, dass sie nicht leicht in Worte zu fassen sind. Lesen Sie selbst!

„Abessinien" Am 19. Oktober 1935 strandete bei Buhne 31 zwischen → *Kampen* und → *List* der französische Frachtdampfer „Adrar", angeblich mit einer Waffenladung für Abessinien (heute Äthiopien) an Bord. Im Sylter Volksmund wurde der betreffende Strand bald „Abessinien" genannt, und dieser Name wurde ein Synonym für das Nacktbaden, das sich später an diesem und anderen Stränden entwickelte – zum Ärger übrigens von kaiserlich-abessinischen Diplomaten. Tatsächlich hatte die „Adrar" keine Waffen an Bord, sondern nur Porzellan. Am 17. August 1936 kam sie wieder frei und entschwand, aber der Name blieb und kommt erst jetzt aus der Mode.

Adler-Reederei Mit einem Krabbenkutter begann der von Hallig Hooge gebürtige Kurt Paulsen im Jahr 1950 Ausflugsfahrten im Halligmeer. 1966 wurde die erste „Adler" gebaut, der 1970 das nächste, aus Stahl bestehende Schiff folgte. Heute verfügt die Reederei, ansässig auf Nordstrand und in → *Westerland*, über insgesamt 25 Schiffe auf Nordund Ostsee sowie in der Karibik und ist damit eine der größten Reedereien in Schleswig-Holstein. Flaggschiff ist die 1993 in Schweden gebaute „Adler-Express" auf sommerlicher Linienfahrt zwischen Nordstrand und → *Hörnum*. Die kleinen „Adler"-Schiffe fahren ab Hörnum und → *List* zu den Nachbarinseln → *Föhr*, → *Amrum* und Hallig Hooge sowie zu den Seehundsbänken. Sven Paulsen, Chef der Adler-Reederei, ist aber nicht nur Beherrscher des Verkehrs zu Wasser, sondern auch zu Lande. Seine „Sylter Verkehrsgesellschaft" hat auch den Personenverkehr mit Bussen auf Sylt in der Hand.

Ahlborn, Knud (14.3.1888 in Hamburg–9.5.1977 auf Sylt) Der in → *Kampen* praktizierende Arzt gründete 1919 in ehemaligen Militärbaracken im → *Klappholttal* das Freideutsche Jugendlager, um hier – insbesondere nach seinen Erlebnissen im Ersten Weltkrieg – seine Vorstellungen einer von

Schiff der Adler-Reederei vor Hörnum. Die weiße „Adler"-Flotte beherrscht im Sommerhalbjahr das nordfriesische Wattenmeer und befördert Sylt-Gäste auf die Nachbarinseln und Halligen sowie zu den Seehundsbänken.

Da der im Oktober 1935 gestrandete französische Dampfer „Adrar" angeblich Waffen für Abessinien an Bord hatte, wurde dieser Strandabschnitt, der später ein berühmter FKK-Strand wurde, „Abessinien" genannt. Heute ist dieses Land als Äthiopien bekannt.

Im Altfriesischen Haus kann die Wohnkultur früherer Jahrhunderte besichtigt werden. Kennzeichnend sind die kleinen Stuben und niedrigen Decken der alten Friesenhäuser, vor allem aus Gründen der Beheizung.

Alkoven im Altfriesischen Haus in Keitum. Wandbetten waren früher allgemein. Sie lagen zwecks winterlicher Wärme oft an der Ofenwand zur Küche.

Konventionen befreiten Jugendbewegung zu verwirklichen. Dazu gehörte auch der „Lichtsport", das Nacktbaden. Später entwickelte sich das Jugendlager zur „Akademie am Meer" mit Jugenderholung, Volkshochschule, Seminaren und künstlerischen Veranstaltungen. 52 Jahre lang leitete Ahlborn das Lager Klappholttal. 1923 gründete er zusammen mit Ferdinand → *Avenarius* und Ferdinand Goebel den „Verein → *Naturschutz* Sylt", um das Listland und das → *Morsum-Kliff* vor kommerziellen Zugriffen zu retten. Ebenso erfolgreich intervenierte Ahlborn, als in den 1960er Jahren die Bundesregierung wegen Entschädigungsansprüchen der Listlandbesitzer gegenüber der ehemaligen Wehrmacht große Teile des Listlandes für die Bebauung freigeben wollte.

Alkoven Schrankähnliche Bettnische, früher im → *Pesel*, in der Wohnstube, an der warmen Küchenwand als Schlafstätte in allen → *Friesenhäusern* vorhanden, tagsüber mittels Gardine oder Luken abschließbar. Im Alkoven schlief man, oft mehrere Familienmitglieder zusammen, wegen der Kürze der Nische halb sitzend mit entsprechenden Kissen im Rücken. Separate Schlafräume waren den praktisch und sparsam denkenden Inselfriesen unbekannt, ebenso frei stehende Betten heutiger Art. Im → *Altfriesischen Haus* in → *Keitum* ist ein Alkoven zu besichtigen.

Altfriesisches Haus Als Museum eingerichtetes → *Friesenhaus* in → *Keitum*, dessen Räumlichkeiten die von der → *Seefahrt* und der → *Landwirtschaft* bestimmte Wohnkultur früherer Jahrhunderte zeigen. Das Altfriesische Haus wurde um 1739 von dem Kapitän Peter Uwen gebaut und zeigt die typische Zweiteilung in Wohn- und Wirtschaftshälfte. In Letzterer befanden sich Dreschtenne und Stall für die „Nebenbeilandwirtschaft", die vor allem von den Frauen der meist abwesenden Seefahrer betrieben wurde. Im Wohnteil dominieren die Wohnstube (fries. Kööv) und der

→ *Pesel* (Püsel), Letzterer mit einem → *Alkoven* (Wandbett). Die → *Fliesen* an den Wänden des Pesels hat erst der Sohn von Peter Uwen, Bleick Peters, um 1784 aus Holland bringen lassen, ebenso das Schiffstableau über dem Beilegerofen. Der Ofen stand an der Wand zur Küche und wurde von dort aus mit Heizmaterial belegt.

Amrum Schwesterinsel von Sylt mit vergleichbaren Landschaften (→ *Dünen,* → *Geest,* → *Heide* und → *Marsch*) und einer breiten Sandbank vor der Westküste, die Amrum gegen → *Sturmfluten* und Landverluste schützt. Die Insel lebt ebenso wie Sylt überwiegend vom → *Fremdenverkehr,* der bezogen auf die Einwohnerzahl (rund 2300 Menschen) fast dreimal so stark ist wie auf Sylt. Amrumer waren früher auf Sylt nicht beliebt, weil sie sich widerrechtlich als Strandräuber und Schiffsberger auf der bis um 1900 noch unbewohnten Sylter Südspitze → *Hörnum* aufhielten und den Rantumern zudem Möweneier und sonstige Seevogelgelege entwendeten.

Anwachs Sylt verliert an der knapp 40 Kilometer langen Westküste durch die → *Nordsee* kontinuierlich Land. Dem steht an den Ostufern zwischen → *Keitum* und → *Morsum* und am Ostufer von → *Rantum* ein – allerdings bescheidener – Landgewinn gegenüber. Buhnen (Lahnungen) beruhigen die Strömung und den Wellenschlag der gegen das Wattufer auflaufenden Flut. Aus dem beruhigten Wasser lagern sich Sedimente ab und erhöhen allmählich den Wattboden, bis dieser in Form von Salzwiesen über den Meeresspiegel aufgewachsen ist. Der Schlickaufwurf aus breiten Gräben (Grüppelarbeiten) beschleunigt diesen natürlichen Vorgang. Der Anwachs, auch Neuland oder Vorland genannt, gehört dem Staat.

Archsum Ländlich geprägtes Dorf auf der → *Geest* und in der → *Marsch* der ehemaligen Gemeinde → *Sylt-Ost* mit einigen noch ursprünglichen Bauernhöfen. Manche liegen auf

Warften und erinnern an die Zeit, als die Marsch von Sylt-Ost noch nicht bedeicht war und hohe → *Sturmfluten* das Dorf erreichten. Erst 1937 wurden die Marschflächen von → *Tinnum* bis → *Morsum* eingedeicht. Archsum ist altes Siedlungsgebiet. Darauf deuten Reste steinzeitlicher Grabkammern am Westufer vor dem Deich sowie die frühere, durch Abgrabungsarbeiten längst verschwundene „Burg" in Archsum hin. Diese Anlage wird auf das 1. Jahrhundert unserer Zeitrechnung datiert. Anfang des 18. Jahrhunderts zählte Archsum etwa 50 Höfe und Häuser, und die heutige Einwohnerzahl von etwa 300 verrät, dass der → *Fremdenverkehr* den ursprünglichen Rahmen – im Gegensatz zu anderen Sylter Dörfern – kaum gesprengt hat.

„Atlantis" So sollte das Bau- und Bettenmonstrum heißen, das Anfang der 1970er Jahre im Kurzentrum von → *Westerland* geplant war und mit einer Höhe von 100 Metern die Stadt, die Insel, Meer und → *Watt* als weißer Betonberg mit 751 Appartements und 1700 Stellplätzen für Autos hoch überragt hätte. Die Stadtvertretung hatte zugestimmt, weil der Bauherr ein neues Kurmittelhaus versprochen hatte. Aber dann regte sich Protest, und die Landesregierung versagte 1972 die Baugenehmigung.

Auster Handtellergroße → *Muschel* mit rauen mehrschichtigen Schalen, die immer noch am Strand und im → *Watt* gefunden wird, im Bereich der deutschen Nordseeküste aber als ausgestorben gilt. Warum diese heimische Art *Ostrea edulis* Mitte des 19. Jahrhunderts zu verschwinden begann, blieb ungeklärt.

Austernfischer 1. Jahrhundertelang spielte die Austernfischerei, genauer der Austernstrich, für Sylter Schiffer eine große Rolle. Die Austernbänke im Wattenmeer waren aber ein Regal (Hoheitsrecht) der Landesherrschaft, verpachtet an Kaufleute, in deren Auftrag die Sylter Kutter im Winterhalbjahr die → *Austern* strichen. 1910 ließen die damaligen

Der Austernfischer ist der „Allerweltsvogel" des Wattenmeers. Als Brutvogel ist er in fast allen Insellandschaften, sogar auf Hausdächern zu finden und fällt vor allem durch seine Ruffreudigkeit auf.

Austernzucht. In Netzsäcken auf Stellagen wachsen die Jungaustern heran.

Pächter aus Hamburg einen Dampfer namens „Gelbstern" bauen, der die Sylter Segelkutter brotlos machte. Wenig später war es mit der Austernernte vorbei, da die Bestände aus ungeklärten Ursachen verschwanden. Auch ständiges Aussetzen von Jungmuscheln und die Anlage eines Austernbassins in → *List* retteten das Gewerbe nicht mehr.

2. Charaktervogel des Wattenmeers und der Insel, häufiger Brutvogel, der durch sein kontrastreiches schwarz-weißes Gefieder und den orangeroten Schnabel auffällt. Der Austernfischer gehört zur großen Familie der → *Watvögel* (Limikolen). Seinen Namen trägt er zu Unrecht, denn Austern fischen kann der Austernfischer nicht. Er stochert vor allem nach Würmern und sonstigem Getier im → *Watt* und auf Wiesen.

Austernzucht Nach Aufgabe der Austernfischerei und Stilllegung der Bassins in → *List* im Gefolge des Zweiten Weltkriegs wurde erst in den 1960er Jahren ein nächster Versuch der Austernzucht durch die Sylter Außenstelle der Biologischen Anstalt Helgoland unternommen. Bei → *Munkmarsch* wurden Austernsetzlinge in Plastikcontainern ausgesetzt, doch handelte es sich dabei um eine nordpazifische Austernart (*Crassostrea gigas*), die später den flotten Namen „Sylter Royal" bekam. Die Versuche wurden ab 1980 von der Bundesforschungsstelle für Fischerei fortgesetzt und ab 1986 von Dittmeyer's Austern-Compagnie im → *Watt* der → *Blidselbucht* in großem Stil weitergeführt. Grundlage der Zucht sind die laborgezüchteten Austernsetzlinge, die in Plastiknetzsäcken auf Stellagen in langen Reihen etwa 40 Zentimeter über dem Wattboden deponiert werden. Im nahrungsreichen Gezeitenstrom wachsen die ständig gewarteten → *Austern* heran und sind nach etwa drei Jahren marktreif. Bis zu zwei Millionen Austern wachsen in der Blidselbucht heran. Im Winter werden die Austern frostsicher in Seewassertanks in Hallen deponiert.

„Ausverkauf" So wird eine weder durch moralische Appelle noch durch gesetzliche Initiativen zu stoppende Entwicklung genannt, die schon bald nach der Entdeckung der Insel Sylt für den → *Fremdenverkehr* begann und insbesondere in der zweiten Hälfte des 20. Jahrhunderts an Tempo gewann. Es handelt sich um eine in fast allen Sylter Gemeinden zu beobachtende übermäßige Ausweisung von Bauland. Der Verbrauch schönster Naturlandschaften und eine unmäßige Steigerung des Fremdenverkehrs waren die Folgen. Die Initiatoren dazu waren die Sylter selbst, weil sich bisheriges „Ödland" oder nur landwirtschaftlich zu nutzende Flächen durch Verkauf an meist auswärtige Interessenten „vergolden" ließen. Schließlich gruben die „Ausverkäufer" sich selbst und ihren Nachkommen das Wasser ab, denn auch der Fremdenverkehr, die fast einzige Erwerbsgrundlage der Insulaner, befindet sich inzwischen weitgehend in der Hand Nicht-Einheimischer.

Avenarius, Ferdinand (20.12.1856 in Berlin–20.9.1923 in Kampen) Der Schriftsteller, Publizist und Herausgeber der Kunstzeitschrift „Der Kunstwart" entdeckte Sylt 1876 und ließ für sich 1903 in → *Kampen* ein eigenwilliges Gebäude namens „Uhlenkamp" errichten, das bald zum Treffpunkt zahlreicher Künstler wurde. Schon 1911 und 1913 forderte er, ahnungsvoll die zukünftige Entwicklung voraussehend, Nordsylt mit dem Listland unter → *Naturschutz* zu stellen. Mithilfe des 1923 gegründeten Vereins „Naturschutz Sylt" konnte Avenarius noch in seinem Todesjahr die Zerstörung des ursprünglichen → *Morsum-Kliffs* verhindern, das dem Bau des → *Hindenburgdamms* hätte zum Opfer fallen sollen.

Badeleben Das Badeleben war in wilhelminischer Zeit zunächst entsprechend damaliger Moral nur eingeschränkt möglich. Damen- und Herrenbadestrand waren getrennt, die Form der Badebekleidung war vorgeschrie-

Badeleben in der flaggenfreudigen Kaiserzeit vor dem Ersten Weltkrieg. Und um den Wehrwillen des deutschen Volkes zu demonstrieren, igelte man sich in Sandburgen ein!

Das Haus „Uhlenkamp" in Kampen, 1903 von Ferdinand Avenarius in eigenwilliger Architektur erbaut, existiert nicht mehr. Das Haus wurde 1968 abgerissen. Aber die Erinnerung an den Begründer des Naturschutzes auf Sylt ist geblieben.

Das „Biikefeuer", ein uralter Brauch, mit dem in früheren Zeiten die Seefahrer verabschiedet wurden, findet am Abend des 21. Februar statt. Zeitweilig in Vergessenheit geraten, wurde das Biiken durch den Sylter Chronisten Christian Peter Hansen wieder aktiviert.

Bernstein im Flutsaum. Größere Fundmengen sind heute nicht mehr zu erwarten, und der angebotene Schmuck in hiesigen Läden stammt vorwiegend von der Ostseeküste.

ben, damit sie keine geschlechtsspezifischen Körperformen betonte. Gebadet wurde zunächst von Badekabinen aus, die aufgereiht am Strand standen. Ebenso waren Badekarren im Gebrauch, kamen aber bald wieder aus der Mode, weil der Sand zu weich und die Brandung zu hoch waren. Erst 1902 wurde am Strand von → *Westerland* das Familienbad eingerichtet, dessen Betreten während der Badezeit aber für Junggesellen zunächst verboten war. Auch das Fotografieren war nicht erlaubt.

Nach dem Ersten Weltkrieg wurde die Trennung in Damen- und Herrenbad aufgehoben, und schon 1919 wurde im Freideutschen Jugendlager → *Klappholttal* die Freikörperkultur propagiert. Aber erst seit den 1950er Jahren eroberte das Nacktbaden Strand um Strand. Heute ist ein deutsches Seebad ohne → *FKK*-Strand nicht mehr denkbar.

Bernstein Das „Gold des Nordens" bildete sich aus dem Harz der Bernsteinkiefern, die vor Jahrmillionen im Bereich von Skandinavien und der heutigen Ostsee wuchsen. Durch Eiszeiten, Gletschervorstöße und Schmelzwasserströme wurde Bernstein an die Nordseeküste verfrachtet. Früher in größeren Mengen vorhanden, diente er in vor- und frühgeschichtlicher Zeit als Handelsgut mit Mittelmeerländern bis nach Ägypten und begründete unter anderem die Hochkultur der Bronzezeit auf den Geestinseln Sylt, → *Föhr* und → *Amrum*. Bernstein erkennt man – im Unterschied zu gelb schimmernden Steinen – an seinem geringen Gewicht sowie daran, dass er brennt (daher der Name). Bernsteine werden nach Ostwindstürmen eher an der Wattseite von Sylt als am Weststrand gefunden, da sie vorwiegend im Wattboden lagern.

Biike heißt ein uralter Brauch am Abend des 21. Februar, der auf eine Art Opferfeuer für den Germanengott Wotan zurückgeht. Nach der Christianisierung wurde daraus ein Abschiedsfest für die Seefahrer, bei dem zugleich etliche

Rechtsfragen geregelt wurden, da manch einer nie wieder zurückkehrte. Der Klerus versuchte zunächst, das heidnische Brauchtum zu unterbinden. Als dies nicht gelang, verknüpfte er es mit der Stuhlfeier des Petrus am 22. Februar. So entstand auch die Bezeichnung „Pidersdai" (Petritag), freilich mit der für die Kirche eher negativen Auswirkung, dass „Pider" in Form hässlicher Stoffpuppen verbrannt wurden. Es gab auch Rückfälle ins Heidentum. Noch im 17. Jahrhundert riefen Insulaner, die um das Feuer tanzten: „Wede tere!" (Wotan zehre).

Als Brennmaterial für die Biike-Haufen wurde früher von der Inseljugend → *Heide* abgeschlagen, weil alles andere Brennmaterial im Hause zu verwerten war. Heute werden die Biike-Haufen vor allem mit ausrangiertem Holzmaterial – soweit nicht bemalt oder chemisch behandelt – sowie mit Astwerk und Bäumen aus den Gärten bestückt, sodass das Biike-Feuer auch eine Entrümpelung von Haus und Hof und Gärten bedeutet und eine unkomplizierte „Entsorgung" ist.

Geblieben sind die Festveranstaltungen für Jung und Alt im Zusammenhang mit dem Biike-Brauch. Und zunehmend ist das Biike auch ein Faktor des → *Fremdenverkehrs* geworden.

„Blanker Hans" ist eine Ende des Mittelalters aufgekommene Bezeichnung für die stürmische → *Nordsee*, deren Ursprung und Bedeutung aber nicht mehr erklärbar sind. Bekannt wurde diese Bezeichnung vor allem durch die Ballade Detlev von Liliencrons über den Untergang der Rungholt „Trutz, Blanke Hans".

Der „Blanke Hans" meint es mit Sylt nicht gut. Während auf den Nachbarinseln → *Amrum* und → *Rømø* Sandmassen angespült werden, liegt die Sylter Küste im Abbruch und benötigt jährlich Millionenbeträge für den → *Küstenschutz*.

Der „Blanke Hans". An der Strandpromenade von Westerland findet die Nordseebrandung ihren Widerstand und kann sich eindrucksvoll austoben.

Oben: Bohlenweg als Dünenschutz. Bohlenwege ziehen sich durch viele Sylter Landschaften, vor allem durch die Dünen, und „kanalisieren" den Menschenstrom.

Braderup – idyllisch zwischen Wattenmeer, dem Weißen Kliff und der hohen Heide liegt das kleine Dorf, dessen Name an jütische Siedler erinnert.

Blidselbucht Durch hohe → *Dünen* windgeschützte Wattenmeerbucht zwischen der Vogelkoje → *Kampen* und → *List*, bekannt vor allem durch die in den Küstendünen gebauten Siedlungen Mellhörn und → *Sonnenland*. Im Bereich des Blidselwatts befinden sich die umfangreichen Austernzuchtanlagen der Firma Dittmeyer's Austern-Compagnie sowie „Seekühe" genannte Betongebilde auf Stelzen, die im Dritten Reich als Ziele für Bombenabwürfe dienten und die Zeit überdauert haben.

Bohlenwege Die Zunahme des → *Fremdenverkehrs*, insbesondere seit den 1960er Jahren, führte dazu, dass immer mehr Trampelpfade die Insellandschaft gefährdeten, vor allem die trittempfindlichen → *Dünen* waren davon betroffen. Deshalb wurden zwecks Lenkung der Gästeströme Laufstege aus Holzbohlen von den Inseldörfern zum Strand gebaut.

Braderup Der Ortsname deutet auf eine ursprünglich dänische Siedlung hin. Wie → *Kampen* liegt Braderup auf der hohen eiszeitlichen Inselgeest mit weitem Blick über das → *Watt* bis hinauf nach → *List* und hinunter nach → *Nösse*. Nordwärts breitet sich eine der größten unter → *Naturschutz* stehenden Heideflächen aus, die im August von einem rosa-violetten Blütenteppich überzogen wird. Bemerkenswert ist auch das Weiße Kliff am Wattufer bis Braderup mit seinem hellen Kaolinsand und eiszeitlichen Schmelzwassersanden. Weniger schön aber waren die Bau- und Müllgruben nördlich von Braderup als „Hinterhof" der Sylter Bauwut. Nach erfolgreicher Renaturierung werden die Faulgase der früheren Deponie heute zur Energiegewinnung genutzt.

Neben einigen noch ursprünglichen → *Friesenhäusern* fällt ein Gebäude, das Hotel „Weißes Kliff", ganz aus dem Rahmen. Es wurde im Jahr 1852 von dem Kapitän Andreas Hansen erbaut, der Hamburger Schiffe nach Südamerika und nach Ostasien führte und den Stil damaliger Kolonial-architektur auf seine Heimatinsel übertrug. Sehenswert ist auch das Naturzentrum in Braderup.

Brandgans (Fries. Barigen = Bergente) wird der farbenpräch-tigste Vogel des Wattenmeers genannt. Der Name „Berg-ente" geht zurück auf die bevorzugten Brutplätze in den Wildkaninchenhöhlen der Dünenhügel. Weil die Brand-gans ein so buntes Federkleid hat, muss sie sich zum Brü-ten in Höhlen verstecken. Die Sylter nutzten diesen Umstand und legten künstliche Höhlen an, deren Rück-seite sich öffnen ließ, um der Brandgans als Gegenleistung für den Höhlenbau etliche Eier aus dem Gelege zu entneh-men.

Budersand Eine nördlich von → *Hörnum* am Wattufer vor-springende → *Düne* mit Nehrungshaken, gebildet durch einen Strömungsrückwirbel des Gezeitenstroms. Der Name soll zurückgehen auf die „Buden", die schlichten, oft aus Heidesoden geschichteten Unterkünfte der Herings-fischer im 15./16. Jahrhundert. Auch die Legende um → *Pidder Lyng* ist hier angesiedelt.

Buhne 16 Die Buhne am Kampener Nacktbadestrand ist Treff-punkt der sogenannten Reichen und Schönen der Kampe-ner Kurgastprominenz und Zielscheibe fragwürdiger Illustrierten- und Filmreportagen mit oft ein- oder zwei-deutigen Aussagen. Die „Schönen" mussten von den Film-teams nicht selten mitgebracht werden, weil an Nackt-badestränden sich ganz schnell die Erkenntnis verbreitet, dass der Mensch nicht durchweg das schönste Säugetier ist. In den letzten Jahren ist es ruhiger um die Buhne 16 geworden.

Burgen Burgen mit hohen Wehrmauern, Türmen und Zin-nen wird man auf Sylt vergeblich suchen. Aber auch hier hat es Burgen gegeben, aus Erde hoch aufgebaute Ring-wälle, von denen einer bei → *Tinnum* noch vorhanden ist.

Oben: Brandgänse sind die Farbtupfer in der Meereslandschaft. Sie dürfen auch Brandenten genannt werden, weil sie systematisch zwischen Gänsen und Enten stehen. Ihre Brutplätze finden sie in Kaninchenhöhlen.

Die Tinnum-Burg, eine ehemalige Wehranlage, wurde zu Beginn unserer Zeitrechnung erbaut. Eine ähnliche Anlage liegt auf der Nachbarinsel Föhr, aber die Archäologen rätseln noch, ob es eine Wehr- oder eine religiöse Kultanlage war.

Die Tinnum-Burg liegt auf einer kleinen Anhöhe, umschlossen von den Vertiefungen ehemaliger Gewässer und einem zum Wattenmeer führenden Wasserlauf. Bei einer Höhe des länglich-runden Walles von bis zu sieben Metern hat die Anlage einen Durchmesser von 100 bis 120 Metern. Eine Wasserkuhle im Inneren des Burghofs deutet auf die ehemalige Wasserversorgung hin.

Die Archsum-Burg, einst im heutigen Dorfkern von → *Archsum* gelegen, soll früher die größte Anlage dieser Art auf Sylt gewesen sein, wurde aber schon im Lauf des 19. Jahrhunderts fast vollständig abgegraben. Verschwunden ist auch die kleinere Rantumer Ratsburg, die südwestlich des Dorfs, im Burgtal, lag und dort unter → *Dünen* verschwand. Die letzten Reste sollen noch um 1828 sichtbar gewesen sein.

Die Ratsburg hat ihren Namen durch die hier abgehaltenen Zusammenkünfte und Beratungen der Landesherren erhalten. Die Tinnum-Burg machte der Chronik des → *Hans von Kiel* zufolge um 1400 Geschichte, als hier „Kämper" (Riesen oder Kämpfer) gehaust haben und die Inselbewohner mit Steuern und Abgaben drangsaliert haben sollen, ehe sie vom dänischen König gefangen genommen und hingerichtet wurden. Die Formationen der Archsum- und der Tinnum-Burg deuten darauf hin, dass sie Wehranlagen waren, die von den damaligen nordseegermanischen Völkerschaften etwa zu Beginn unserer Zeitrechnung erbaut wurden. Die Kriegsereignisse jener Zeit liegen jedoch im Dunkel der Geschichte, zumal die genannten Volksstämme im 4./5. Jahrhundert fast vollständig abwanderten. Vermutlich ist die ursprünglich niedrigere Tinnum-Burg später durch die → *Wikinger* erhöht worden. Wie hoch der Wall dann tatsächlich war, lässt sich nur erahnen, da Erdwälle im Lauf der Zeit erheblich absacken.

Campingplätze Diese Spielart des Tourismus hat auch vor Sylt nicht haltgemacht. Sieben größere Zeltplätze zählt die Insel. Sie liegen an den Ortsrändern von → *Hörnum,* → *Rantum,* → *Westerland,* → *Tinnum,* → *Morsum,* → *Wenningstedt* und → *Kampen.* In der Feriensaison sind die Plätze nicht selten überbelegt, weil unangemeldete Zelter plötzlich vor den Türen stehen, das freie bzw. „wilde" Zelten im Gelände aber aus verständlichen Gründen streng verboten ist.

Carmen Sylva Dichtername der rumänischen Königin Elisabeth, einer geborenen deutschen Prinzessin zu Wied (geb. 29.12.1843 auf Schloss Monrepos bei Neuwied, gest. 2.3.1916 in Bukarest). Sie schrieb Gedichte, Dramen und Unterhaltungsromane. 1888 besuchte sie mit Gefolge → *Westerland,* wo sie den Gedenkstein des → *Friedhofs für Heimatlose* stiftete.

Christiansen, Carl (14.4.1864 in Westerland–12.1.1937 dortselbst) Origineller Kapitän, zunächst auf großer Fahrt, dann im Dienst der → *Sylter Dampfschiffahrt-Gesellschaft* auf der Linie → *Munkmarsch* – Hoyer bis zu deren Stilllegung im Jahr 1927 nach Eröffnung des → *Hindenburgdamms.* „Käpt'n Corl" war für seinen Witz und seine Schlagfertigkeit bekannt und wurde im Ruhestand noch als „Promenadenkapitän" von der Kurverwaltung eingestellt, um Auskünfte zu erteilen und Führungen zu veranstalten. Nach seinem Tod 1937 wurde eine Straße in → *Westerland* nach ihm benannt.

Decker Dynastie von Strandvögten und Unternehmern in → *Westerland.* 1788 übernahm der vormalige Schiffskapitän Broder Hansen Decker (1736–1818) das Amt des Strandinspektors und überwachte fortan bei → *Strandungsfällen* im Bezirk Westerland-Rantum-Hörnum die Rettung der Schiffbrüchigen und die Bergung von Schiffen und Ladung. Nach seinem Tod übernahm der Enkel Meinert

(Manne) Broder Decker das Amt und führte es bis 1852 weiter. Ihm folgte sein Sohn Wulf Hansen Decker. Und noch einmal, 1881, wurde das Amt vom Vater auf den Sohn, Hans Broder Decker, übertragen. Vier Generationen haben so über ein Jahrhundert lang fast 200 Strandungsfälle auf der südlichen Hälfte von Sylt erlebt und bearbeitet. Aber die Familie Hansen-Decker machte sich auch in weiteren Bereichen einen Namen. Der erstgenannte Broder Hansen reparierte anno 1789 die Dorfkirche von Westerland auf eigene Kosten und setzte die Bepflanzung von → *Wanderdünen* durch. Sein Enkel, der Kapitän und spätere → *Strandvogt* Wulf Hansen Decker (1806–1881), legte im Jahr 1855 südlich von Westerland den heute noch vorhandenen → *Friedhof für Heimatlose* für Strandleichen an. Ein anderer Enkel wiederum, Wulf Manne Decker (1815–1876), gehörte im Jahr 1855 zu den Gründern des Badeorts Westerland und war der dominierende Kopf des gewagten Unternehmens. Die Decker-Straße in Westerland wurde nach ihm benannt.

Deiche Obwohl Sylt an der Westküste von hohen Dünenwällen geschützt wird und in weiten Bereichen aus hohem Geestland besteht, besaß die Insel im Mittelalter Deiche. Zwischen → *Westerland* und → *Rantum* waren offenbar Deiche oder Dämme angelegt worden, um einen Durchbruch der → *Nordsee* zu verhindern oder den Sandflug zu hemmen. Ebenso war im 16. Jahrhundert die Nösse-Marsch mit einem Sommerdeich versehen, der aber durch die hohe → *Sturmflut* von 1634 vernichtet und nicht wieder aufgebaut wurde, zumal infolge der aufblühenden → *Seefahrt* die → *Landwirtschaft* ihren Rang verlor. Die Folge war, dass bei jeder größeren Sturmflut die ungeschützte Nösse-Marsch überflutet wurde, die Nordsee bis Westerland vordrang und etliche Häuser von → *Tinnum* bis → *Morsum* in den Fluten standen. Ebenso waren die wenigen Häuser

Oben: Schafe sind die Rasenmäher der Deiche. Deiche sind die „Goldenen Ringe" an der Nordseeküste und schützen das niedrige Marschenland gegen die Sturmfluten. Sie gehören insgesamt zu den größten Werken der Menschheit.

Der Denghoog mit seiner etwa 15 Quadratmeter großen Grabkammer, überwölbt von mächtigen Findlingen, ist eines der gewaltigsten Grabmäler im europäischen Norden. Er datiert in die jüngere Steinzeit (3000 v. Chr.).

von Rantum bedroht. Weder die Pläne eines Holländers um 1630 noch ein Vorschlag des Amtmanns von Bielcke im Jahr 1778 führten zunächst zu einer Neubedeichung. Erst 1820 baute das Kirchspiel Westerland einen Schutzdeich bis Tinnum, der aber in der hohen Sturmflut im Februar 1825 vernichtet wurde und erst 1866 wiederhergestellt werden konnte.

Die heute bestehenden Deiche sind erst in den 1930er Jahren entstanden. Durch den Reichsarbeitsdienst wurde 1935/36 der Nösse-Deich gebaut. Nachdem die Sturmflut vom 24. November 1981 den Deich fast durchbrochen hätte, wurde er wesentlich verstärkt. Ebenso baute der Arbeitsdienst auf Betreiben der Luftwaffe in den Jahren 1935 bis 1937 den 2,5 Kilometer langen Möwenbergdeich vor einer Marschniederung am → *Königshafen* bei → *List*. Und auch der 5,2 Kilometer lange Deich des Rantum-Beckens verdankt seine Entstehung dem Militär: Hier sollte ein gezeitenunabhängiger Wasserflughafen entstehen, doch das 1938 vollendete Projekt konnte seinen Zweck nicht erfüllen, und das Areal wurde nach dem Krieg ein Wasservogelschutzgebiet.

Ein ganz ziviler Deich ist hingegen jener, der seit 1987 die niedrig gelegenen Häuser Alt-Rantums schützt. Der Deich, der rund 600 000 Mark kostete, wurde von Einheimischen, Kurgästen, der Gemeinde und dem Landschaftszweckverband sowie von der → *Söl'ring Foriining* finanziert, weil der Staat sich nicht zuständig sah.

Denghoog Von den noch vorhandenen steinzeitlichen Grabkammern ist der Denghoog nordöstlich der Kapelle von → *Wenningstedt* die gewaltigste im europäischen Norden. Die von zwölf großen Tragsteinen gebildete, etwa fünf Meter lange und bis zu zwei Meter hohe Kammer ist über einen sechs Meter langen Gang zugänglich. Eine so gewaltige Grabkammer, verborgen unter einem Hügel, war sicherlich Generationen von Häuptlingssippen vorbehalten. Bei einer wissenschaftlichen Bestandsaufnahme wurden Leichenknochen und Grabbeigaben in Form von Waffen, Schmuck und Tongefäßen gefunden. Der Denghoog wird von der → *Söl'ring Foriining* betreut und kann unter Führung zu angekündigten Zeiten besichtigt werden.

Dikjendeel (deutsch: Deichendetal) Hier lag früher das Ende eines → *Deiches*, der zwischen → *Westerland* und → *Rantum* offenbar den Durchbruch der → *Nordsee* und die Teilung der Insel verhindern sollte. Der Sylter Sagenschatz berichtet von einem hier gestrandeten Archsumer Schiffer, der von Strandräubern ermordet und in den → *Dünen* verscharrt wurde. Weil sich aber der eine Arm immer wieder aus dem Sand hob, schlugen die Strandräuber diesen ab. Und seitdem soll dort in stürmischen Nächten der „Dikjendeel-Mann" umgehen. Im „Dritten Reich" entstanden hier Baracken für die Unterbringung von Militär am nahen Rantum-Becken. Nach dem Ende des Zweiten Weltkriegs wurde dieses Lager – wie andere auch – in ein Jugendheim umgewandelt.

Dorfteich (Wenningstedt) Einzigartiges Gewässer im Zentrum des ursprünglichen Dorfs → *Wenningstedt*. Die tiefe Bodenmulde wird mit Druckwasser aus den → *Dünen* und der höheren → *Geest* gefüllt. Der Teich ist ein Paradies für einheimische und exotische Wasservögel, die hier auch brüten.

Dünen Urwüchsige, aus dem Meer geborene Landschaftsform, die zwischen → *Hörnum-Odde* und dem → *Ellenbogen* fast die Hälfte der Inselfläche bedeckt. Vor- und frühgeschichtlichen Kulturspuren im Bereich der Dünen sowie der Chronik des katholischen Priestersohns → *Hans von Kiel* zufolge entstanden die Dünen erst im 15. Jahrhundert, sind also eine relativ junge Landschaft. Bei → *List* und → *Rantum* wurden ältere Siedlungen, Ackerland und Weiden übersandet.

Kennzeichnend für die Sylter Dünen ist – insbesondere auf → *Hörnum* und im Listland – der mancherorts geschlossene Bewuchs mit Krähenbeere und Heidekraut. Tiefere Dünenlagen sind sehr feucht und zeigen im Juli dichte Bestände der Glockenheide und anderer seltener Pflanzen. Im Listland leuchten drei mächtige → *Wanderdünen*, deren größte einen Leehang von fast zwei Kilometern besitzt. Vom Westwind getrieben, wandern die Dünen stetig nach Osten. Wo Straßen oder Siedlungen bedroht sind, werden die Dünen mit → *Strandhafer* bepflanzt, der dominierenden Pflanze sandiger Dünen. Wo Dünen seit längerer Zeit unbewegt liegen, werden sie von Silbergras und anderen Pflanzen bewachsen und entwickeln sich zu Graudünen.

Eiderente Die nordische Meeresente besiedelte Anfang des 19. Jahrhunderts als Brutvogel die Lister → *Dünen*, kommt seit dem Ende des Jahrhunderts (1886) auch auf → *Amrum* vor und verbreitete sich Ende des 20. Jahrhunderts auf allen Inseln der deutschen Nordseeküste. Bekannt sind die Daunen, die das Gelege bei Abwesenheit der Ente warm halten. Eiderenten leben überwiegend von Miesmuscheln, die sie samt der Schale fressen. Letztere scheiden sie als Muschelgrus wieder aus. Nach der Einwanderung von → *Füchsen* um 1938 ist die Eiderente von Sylt als Brutvogel weitgehend verschwunden, kommt jedoch zu allen Jahreszeiten häufig im → *Watt* vor.

Eidum So hieß das Kirchspiel, das als Vorläufer des heutigen → *Westerland* etwa 400 Meter westlich der heutigen Küste lag. Wann genau die Eidumer ihre Häuser auf der Flucht vor dem heranrückenden Meer verlassen und weiter landeinwärts ein neues Dorf begründen mussten, ist nicht bekannt. Vermutlich gab die große → *Sturmflut* im Jahr 1436 den Anlass. Heute erinnern nur noch Flurnamen an das verlorene Dorf.

Oben: Sommerliche Dünenwelt. Dünen gehören zu den urtümlichsten Landschaften an Meeresküsten und sind – dem Sandtransport des Windes gehorchend – immer in Bewegung. Nur der Strandhafer kann sich hier behaupten.

Eiderenten leben überwiegend von Miesmuscheln und sind deshalb bei den Muschelfirmen nicht gerne gesehen. Aber deren Bemühungen um eine Jagdzeit waren vergeblich. An deutschen Küsten stehen Eiderenten unter Naturschutz.

Ekke Nekkepen Friesischer Name für den nordischen Meeres-gott Ägir. Ekke Nekkepen geistert vor allem durch die Syl-ter Sagenwelt. Er konnte gutmütig, aber auch bösartig sein und Schiffe und Insel mit Stürmen überziehen – unter-stützt von seiner nicht gerade schönen Gattin → *Ran*, nach der → *Rantum* (= Rans Heim) benannt sein soll.

Ellenbogen Ein langer Nehrungswall im Norden Sylts, der den → *Königshafen* einschließt und schon in dänischer Zeit (1856/57) mit zwei → *Leuchtfeuern* versehen wurde. Der Ellenbogen war früher ein Seevogelparadies, wo unter anderem auch die heute in Deutschland nicht mehr vor-kommende Raubseeschwalbe brütete. Die Vögel litten jedoch unter den Eiersammlern, zu denen auch die einsa-men Leuchtturmwärter gehörten. Die seeseitige Rundung des Ellenbogens ist noch heute als „Ostindienfahrerhuk" (Huk = Ecke) bekannt, weil hier im Jahr 1751 ein hollän-discher Ostindienfahrer scheiterte. Noch 100 Jahre später waren Reste des Schiffswracks am Strand zu finden.

Wie der größte Teil des Listlands, so ist auch der Ellenbo-gen Privatgelände im Besitz der verzweigten Familien Paulsen und Diedrichsen. Die drei reetgedeckten → *Frie-senhäuser* auf der äußersten Ostspitze wurden 1937 von der Biologischen Anstalt Helgoland erbaut, sind aber seit 1959 eine Ferienanlage der Familie Diedrichsen.

Feuerquallen Im Juni und Juli tauchen bei warmer Witterung und Ostwind gelegentlich die sogenannten Feuerquallen auf. Dabei handelt es sich um die Blaue und Gelbe Haar-qualle, die mit ihren langen Nesselfäden und Giftkapseln durch Berührung beim Baden für ein bis zwei Stunden einen brennnesselartigen Schmerz sowie Hautrötungen und Hautblasen verursachen können. Die meisten → *Quallen* sind hingegen harmlos.

Fischerei Auf einer Nordseeinsel werden Fischerhäuser und Fischer erwartet, aber mit beidem kann Sylt nur bedingt

Oben: Der Ellenbogen. Die lange Nehrung im Norden der Insel war früher ein Seevogelparadies und wäre es noch heute, wenn es nicht so viele Füchse auf Sylt gäbe! Im Sommer ist der Strand für Inselgäste, die hier Ruhe finden, ein trubelfernes Paradies.

Einlaufender Krabbenfischer und festgemachter Miesmuschelkutter im Hafen von Hörnum. Der Krabbenfischer stammt von Greetsiel in Ostfriesland, der Muschelkutter von Wyk auf Föhr. Eigene Fischergewerbe gibt es auf Sylt zurzeit nicht mehr.

dienen. Wohl liegen in den → *Häfen* von → *List* und → *Hörnum* Miesmuschel- und Krabbenkutter, doch sind diese in auswärtigen Häfen beheimatet. Auf Sylt selbst spielt die Berufsfischerei seit langer Zeit praktisch keine Rolle mehr. Es gibt nur noch einen Krabben- und einen Miesmuschelfischer. Die bedeutendste Periode der Berufsfischerei war die des Heringsfangs im 15. und 16. Jahrhundert im Bereich der Insel Helgoland, wo plötzlich große Heringsschwärme auftauchten. Die Sylter Fischer hatten ihre Station am Buder auf Hörnum und segelten von hier nach Helgoland. Die Heringsfischerei brachte aber nicht mehr als das tägliche Brot, die Fischer waren arm und litten unter großen Verlusten. Nach einem Verzeichnis des Chronisten Christian Peter → *Hansen* kamen 1571 bei Hörnum 20, im Jahr 1607 nicht weniger als 45 und 1609 noch einmal 19 Sylter Fischer ums Leben.

Jahrhundertelang spielte auch der Rochenfang mithilfe von Pfahlzäunen eine große Rolle. Die Sylter mussten an die Landesherrschaft eine „Rochensteuer" bezahlen, die noch Mitte des 19. Jahrhunderts zu entrichten war, als der Rochenfang längst eingestellt worden war.

Ebenso wurde in der → *Nordsee* vor Sylt Schellfischfang betrieben. Die Frauen gruben im → *Watt* die als Köder verwendeten Wattwürmer aus. Vom Rantumer Strand aus ließ man bei Ostwind an langen Leinen Holzbretter mit Segeln austreiben, an denen beköderte Angelhaken hingen. Am nächsten Tag wurden die „Pieptauschiffe" mit den gefangenen Fischen an Land gezogen.

Miesmuschelfischerei betrieb über etliche Jahre die Familie Rönnebeck von → *Munkmarsch* aus. Und bis 1998 versorgte Paul Walter in List mit seinem Kutter die Sylter → *Restaurants* mit → *Muscheln*, ehe Detlef Dethlefs das Gewerbe übernahm. Die Krabbenfischerei ist gegenwärtig durch Sylter Kutter gar nicht mehr vertreten, aber frische

Fische und frische Krabben werden im Hörnumer und Lister Hafen gelegentlich von auswärtigen Kuttern angeliefert. Und die Miesmuschelfischerei im großen Stil ist längst in die Hände großer Industrie-Kutter unter Führung holländischer Firmen geraten, die in den Wattenströmen Kulturbänke angelegt haben und die „Wildbänke" zum Beispiel im → *Vortrapptief* abstreichen.

FKK Die Freikörperkultur wurde auf Sylt schon von Dr. Jenner propagiert, der von 1858 bis 1871 Badearzt in → *Westerland* war. Er empfahl „unter allen Umständen das Baden ohne Kleider", natürlich im getrennten Damen- und Herrenbad, hatte aber mit seinen Vorstellungen, die den damals herrschenden Moralvorstellungen widersprachen, keinen Erfolg. Die nächsten Initiatoren der Freikörperkultur waren Ferdinand → *Avenarius*, der Mitbegründer der Künstlerkolonie → *Kampen*, sowie der in → *Keitum* lebende Maler Magnus Weidemann. In die Praxis umgesetzt wurde diese Idee dann durch den Arzt Knud → *Ahlborn*, der 1919 die Freideutsche Jugend im → *Klappholttal* versammelte und zu dessen antikonventionellem Programm auch das Nacktbaden gehörte. Allerdings gab es noch manchen Konflikt mit den Behörden. Erst nach dem Zweiten Weltkrieg brach sich dann das FKK-Wesen auf Sylt und andernorts Bahn, und bald hatte jedes Nordseebad seinen Nacktbadestrand zunächst → *Abessinien*, dann „Nackedonien" tituliert.

Fliesen Eher sind sie unter der Bezeichnung Kacheln bekannt, obwohl diese nur auf Fliesen angewendet werden kann, mit denen Kachelöfen verkleidet sind. Fliesen werden oftmals für etwas typisch Friesisches gehalten. Sie stammen jedoch aus dem Orient, kamen über Spanien nach Holland und von dort durch die inselfriesischen Seefahrer auf die Inseln und Halligen. Die holländischen Fliesen zeigten aber nicht die Ornamente des Orients, sondern Alltagsszenen mit → *Mühlen* und Schiffen oder biblische Ereignisse. Ursprünglich war Delft das Zentrum der Fliesenherstellung, bald aber kamen andere Orte wie zum Beispiel Makkum dazu. Fliesen waren nicht billig und deshalb nicht generell in Seefahrerstuben zu finden, sondern vor allem in den Häusern wohlhabender Kapitäne und Kommandeure. Vereinzelt wurden auch Fliesentableaus (Bild S. 46) mit Schiffen importiert, zu sehen im → *Altfriesischen Haus* und im Haus Mangelsen in → *Keitum*. Heute sind Fliesen aus früheren Jahrhunderten eine kaum zu bezahlende Kostbarkeit.

Flutsaum Spülsaum am Meeresstrand, wo die Flut ihre Treibgüter hinterlässt. Neben Unrat von weit her finden sich vor allem Meerespflanzen (Algen-Tange), Muschelschalen und Schneckengehäuse, → *Quallen*, Seesterne und Strandigel, tote Strandkrabben und andere Krebstiere, Eiballen der Wellhornschnecke, Eikapseln des Nagelrochens, kalkige Schulpe vom Tintenfisch oder Entenmuscheln (Rankenfüßler) auf Treibgut aus der Weite der Weltmeere. Aber auch die Kadaver von Robben und Walen liegen dann und wann am Ufer, erwartet von der „Müllabfuhr" des Strandes, den → *Möwen*.

Föhr Rund 82 Quadratkilometer große Nachbarinsel mit knapp 9000 Einwohnern in der Stadt Wyk und in den 15 Dörfern. Föhr besteht vor allem aus fruchtbarer, noch eingedeichter → *Marsch*, die eine entsprechende → *Landwirtschaft* ermöglicht. Schon 1819 wurde das Seebad Wyk gegründet und erlebte nach anfänglichen Schwierigkeiten durch den Besuch des dänischen Königs mit Hofgefolge in der Zeit von 1842 bis 1847 eine Glanzzeit, die noch lange nachwirkte und auch den Staatswechsel von Dänemark zu Preußen/Österreich bzw. zum Deutschen Reich überdauerte.
Wahrzeichen von Föhr sind drei mächtige Kirchen: St. Nicolai zu Boldixum-Wyk, St. Johannis bei Nieblum –

Flutsaum mit Muscheln und Schnecken. Der Flutsaum ist der „Friedhof" des Meeres. Jede Flut markiert hier ihren höchsten Stand und lagert tote und sterbende Seetiere ab.

wegen ihrer Größe auch „Friesendom" genannt – und St. Laurentii bei Süderende auf Westerlandföhr. Als „Denkmäler" der Landwirtschaft sind noch vier Windmühlen erhalten, die allerdings zu Wohnzwecken umgebaut wurden. Bemerkenswert sind auch die sechs → *Vogelkojen* in der Weite der Marsch, von denen noch vier – mit entsprechenden Auflagen – Fangkonzessionen haben und im Herbst nach unverändert urtümlicher Methode Wildenten fangen.

Föhr hat keine dynamischen Naturlandschaften wie → *Amrum* und Sylt. Die gesamte Fläche wird durch menschliche Nutzung und Besiedlung geprägt. Auch das mildere Klima der Wattenmeerinsel unterscheidet sich von dem der vorgelagerten Geschwisterinseln.

Fossilien Schneckengehäuse und Muschelschalen aus dem Miozän, „Gehörsteine" von Fischen, die hier vor fünf Millionen Jahren schwammen, und Steinkerne von Seeigeln aus dem Paläozän und der Kreidezeit sind nur einige der Fossilien, die am → *Morsum-Kliff* oder unter dem → *Roten Kliff* zu finden sind und auf das Alter des Sylter Untergrunds hinweisen. Der Chronist Christian Peter → *Hansen* sammelte zahlreiche Fossilien, die heute im → *Heimatmuseum* in → *Keitum* zu sehen sind.

Fremdenverkehr Der Fremdenverkehr ist die wichtigste Erwerbsquelle der Insel Sylt. Inzwischen hat der Tourismus, der Mitte des 19. Jahrhunderts seinen Anfang nahm, alle Lebensbereiche einbezogen. Ob Handel, Handwerk oder Verkehr, alle Erwerbszweige leben indirekt oder – wie Hotels, Gastronomie und Zimmervermieter – direkt vom Fremdenverkehr. Sylt meldet gegenwärtig etwa 75 000 Fremdenbetten mit 780 000 Inselgästen und 6,6 Millionen Übernachtungen pro Jahr. Bei einer durchschnittlichen Ausgabe von 80 Euro pro Tag und Inselgast wird jährlich ein Gesamtumsatz von 540 Millionen Euro erzielt (2008).

Friedhof für Heimatlose Ein kleiner eingehegter Friedhof an der Ecke Käpt'n-Christiansen-Straße/Elisabethstraße gegenüber der katholischen Kirche in → *Westerland*. Der Friedhof wurde 1855 vom → *Strandvogt* Wulf Hansen → *Decker* angelegt, „um den Berufsbrüdern und Christenmenschen" eine würdige Begräbnisstätte zu verschaffen. Bis dahin waren die Strandleichen, ertrunkene und angespülte Seeleute, wegen angeblicher Seuchengefahr einfach an Ort und Stelle, das heißt am Strand oder hinter der nächsten → *Düne* begraben worden. Der Friedhof wurde einer breiteren Öffentlichkeit bekannt, als die rumänische Königin Elisabeth (→ *Carmen Sylva*) im Jahr 1888 einen Gedenkstein stiftete, der als Inschrift ein Gedicht des Berliner Oberhofpredigers Rudolf Kögel trägt.

Strandleichen von Westerland bis → *Hörnum*, die an der Küste gefunden wurden, fanden hier in langen Reihen ihre letzte Ruhestätte. Aber schon 1905 war das Seebad Westerland durch rege Bautätigkeit bis an den Friedhof herangewachsen, sodass dieser geschlossen werden musste. Nicht identifizierte Strandleichen werden seitdem auf dem Westerländer Friedhof beigesetzt.

Friedrichstraße Mit ihrer Gastronomie, den Geschäften und einigen Villen aus der Gründerzeit ist die Friedrichstraße heute die „Hauptstraße" → *Westerlands*. Wer sehen und gesehen werden will, flaniert hier. Bis Ende des 19. Jahrhunderts noch eine sandige Dorfstraße, wurde die Friedrichstraße erst im 20. Jahrhundert befestigt und zunehmend bebaut. Benannt ist sie nach den einstigen Anliegern Friedrich Wünschmann und Friedrich Erichsen, die um 1895 eine Verbreiterung der Straße ermöglichten, indem sie das dafür benötigte Gelände kostenlos abtraten.

Friesen Nordseegermanisches Küstenvolk, das ursprünglich in den Niederungen der Rheinmündung angesiedelt war und im 8./9. Jahrhundert über Nordholland (Westfriesland) und Ostfriesland in zwei Zügen auf die heutigen Nordfriesischen Inseln bzw. auf das Festland des heutigen Kreises Nordfriesland gelangte. Diese Landnahme erfolgte ohne überlieferte Kämpfe, weil die vorher ansässige Bevölkerung mehrerer germanischer Stämme schon im 4./5. Jahrhundert fast vollständig ausgewandert war.

Die Friesen errichteten mit großem Kraftaufwand → *Deiche*, sie fuhren auf Walfang und betrieben Handelsschifffahrt auf allen Meeren der Welt. Gleichzeitig machten sie sich an heimatlichen Küsten einen Namen als Berger gestrandeter Schiffe und Retter von Schiffbrüchigen, allerdings auch als Strandräuber. Mit diesen Eigenschaften wurden die Friesen oftmals zu einem „Heldenvolk" verklärt, und Sprüche wie „Rüm hart, klaar kiming" (Weites Herz, klarer Horizont) oder → *„Leewer duad üs slaaw"* (Lieber tot als Sklave) trugen dazu bei, dieses Bild zu verfestigen. Tatsächlich beförderten die unsicheren Lebensumstände angesichts steter Bedrohung durch das Meer und der harte und gefährliche Broterwerb auf den Weltmeeren eine stoische Mentalität. Nicht weniger schwierig waren die Lebensumstände vieler Friesenfrauen, die sich alleine um Haus und Hof und Kinderscharen sorgen mussten, da ihre Männer auf See verunglückt waren.

Friesenfahne Gold, Rot und Blau sind die Farben der Friesenfahne, die hier und da an mancher Fahnenstange auf Sylt und anderen Inseln und Halligen weht. Allerdings hat die Fahne keine historische Grundlage. Sie wurde erst in der zweiten Hälfte des 19. Jahrhunderts kreiert, um das Bewusstsein für friesische Eigenständigkeit zu stärken.

Friesenhaus Das ursprüngliche Wohn- und Wirtschaftsgebäude der → *Friesen* wurde nach dem Vorbild von Häusern der zuvor in der Region ansässigen Völkerschaften gebaut, wie Ausgrabungsfunde belegen. Typische Merkmale des Uthland- bzw. Friesenhauses waren die West-Ost-Lage in

Anpassung an den vorherrschenden Westwind, die mittels eines durchquerenden Flurs zwischen Haustür und Gartentür erfolgte Teilung in einen Wohn- und einen Wirtschaftsteil sowie die bis etwa in das 18. Jahrhundert hinein verwendete Ständerkonstruktion des Daches. Das hohe, mit → *Reet*, manchmal auch in Ermangelung desselben mit → *Strandhafer* gedeckte Dach ruhte nicht auf den Hausmauern, sondern auf einer Ständer- und Balkenreihe im Innern des Hauses. Diese Konstruktion erwies sich dort als sinnvoll, wo große → *Sturmfluten* die Gebäude erreichten, so etwa in der Nösse- und Rantum-Marsch oder auf den Halligen. Schlugen Wellen die Mauern ein, blieb der Dachteil mit den dort hinaufgeflüchteten Hausbewohnern stehen. Für die Dörfer auf der höheren → *Geest* und in den → *Dünen* hatte diese Konstruktion zwar keine Bedeutung, wurde aber trotzdem verwendet. Erst seit Anfang des 18. Jahrhunderts wurde der Dachstuhl auf die Hausmauern gelegt.

Ursprünglich hatte das Friesenhaus auch keinen Giebel. Er wurde erst aus Feuerschutzgründen von der Landesherrschaft vorgeschrieben. Der Giebel, meist ein Spitzgiebel, manchmal auch ein Backengiebel und am Hof Diedrichsen in → *List* noch ein dänischer Rundgiebel, teilte das herabfallende brennende Reet und sicherte den Hausbewohnern ihren Fluchtweg.

Weitere Veränderungen des Friesenhauses wurden erforderlich, als die → *Landwirtschaft* nach dem Niedergang der → *Seefahrt* zu einer wichtigen Erwerbsquelle wurde. Scheunen und Ställe wurden nun vergrößert und seitlich längs oder quer angesetzt. In der zweiten Hälfte des 20. Jahrhunderts schließlich verlor die Nebenerwerbslandwirtschaft durch die Zunahme des → *Fremdenverkehrs* fast vollständig ihre Bedeutung, und die früher zur Lagerung von Heu dienenden Dachböden wurden zu Fremdenzim-

Friesenwappen – oft gezeigt, zwar ohne historische Grundlage, aber ein volksverbindendes Symbol auf den Nordfriesischen Inseln.

Vorangehende Doppelseite: Friesenhaus in Keitum. Von allen Sylter Dörfern haben besonders Keitum, Archsum und Morsum im historischen Ortskern noch überwiegend ihre Ursprünglichkeit bewahrt.

Fliesentableau mit Handelsfregatte im 1756 erbauten Haus des Kapitäns Jürgen Jens Lornsen in Keitum. Obwohl das Haus Opfer einer Brandstiftung wurde, konnte das Fliesentableau gerettet werden.

mern ausgebaut. Die ursprünglich fensterlosen Reetdächer mussten zu diesem Zweck mit Gauben versehen werden.

Längst ist natürlich auch das Innere der Friesenhäuser dem gegenwärtigen Wohnbedürfnis angepasst. Aber niedrige Wände, Balkendecken, kleinsprossige Fenster und Einrichtungen aus Urgroßmutters Zeit sorgen unverändert für eine gemütliche Atmosphäre.

Friesenhäuser haben wegen ihrer Wohnqualität einen hohen Liebhaberwert, der ein Mehrfaches des Realwerts beträgt. Die Folge ist, dass ein großer Teil der Sylter Friesenhäuser nach Generationswechseln und Erbschaftsfällen an kapitalkräftige Auswärts-Insulaner verkauft wurden. Das schönste Beispiel eines im Originalzustand erhaltenen Friesenhauses bietet das → *Altfriesische Haus* in → *Keitum*.

Friesentorte, Friesentee, Friesentasse, Friesenmütze, Friesennerz Unerschöpflich sind die werbeträchtigen Verwendungen, der Ge- und Missbrauch des „Friesischen" in einer Zeit, in der das wirklich Friesische mehr und mehr aus dem Alltagsleben verschwindet.

Friesenwappen In den 1840er Jahren, als sich die bis dahin separat und politisch getrennt agierenden Insel- und Festlandfriesen zusammenfanden (Volksfest in Bredstedt 1844), um erstmals in ihrer 1000-jährigen Geschichte das Bewusstsein ihrer Zusammengehörigkeit zu stärken, wurde auch ein gemeinsames Wappen kreiert. Zugleich kamen Spannungen um die Herzogtümer und die Bestrebungen für eine Unabhängigkeit Schleswig-Holsteins vom dänischen Gesamtstaat auf. Die friesische Bewegung wurde bald in die Auseinandersetzungen hineingezogen und in eine deutsche und dänische Fraktion gespalten – ein Zustand, der noch bis in die zweite Hälfte des 20. Jahrhunderts andauerte. Das Friesenwappen, das wegen seiner unhistorischen Herkunft keine Aufnahme in die offizielle Heraldik gefunden hat, wurde eine Art „Kampfemblem" gegen Dänemark. Die heute nicht mehr genau zu begründende Bedeutung der drei Wappenfelder wurde umgeschrieben. So wurde zum Beispiel aus dem Kampf der Sylter → *Friesen* gegen die Unterirdischen (→ *Sagen*), den die fast schon geschlagenen Friesen nur noch deshalb gewannen, weil ihre Frauen mit Grütztöpfen heraneilten und die Feinde mit heißer Grütze in die Flucht schlugen, ein Kampf zwischen Friesen und Dänen.

Füchse Ende der 1930er Jahre wanderten Füchse über den → *Hindenburgdamm* ein und bauten dort eine Population auf, die gegenwärtig einige Hundert Tiere beträgt. Insbesondere in den Jahren nach dem Zweiten Weltkrieg konnten sich die Füchse vermehren, als sie in den gesprengten Bunkerruinen hausten und dort kaum zu bejagen waren. Die jährliche Jagdstrecke auf Sylt liegt derzeit zwischen 80 und 120. Leider haben Füchse alle früheren Seevogelkolonien in den Sylter → *Dünen* ruiniert. Wo Füchse auftauchen, verschwinden → *Möwen,* → *Seeschwalben,* → *Eiderenten* und andere am Boden brütende Seevögel. So entwickelte sich die früher vogelreichste Insel Sylt zur vogelärmsten an der deutschen Nordseeküste.

Gaststätten Davon gibt es rund 250 auf Sylt, einige wegen ihrer Originalität, ihres Flairs oder ihres Publikums weltbekannt, so Gosch am Lister Hafen, die Kupferkanne in → *Kampen,* der Kliffkieker am Abgrund des → *Roten Kliffs* in → *Wenningstedt,* Fisch-Fiete in → *Keitum* sowie die mit Michelin-Sternen dekorierten Jörg Müller und Johannes King, das Fährhaus Munkmarsch und das Bodendorf's (2009).

Geest Sylt entstand vor rund 200 000 Jahren, als der bis dahin mächtigste Gletschervorstoß der Eiszeiten von Skandinavien her riesige Sand- und Geröllmassen vor sich herschob und diese nach dem Abschmelzen in der nach-

Auf der hohen Sylter Geest findet man hier und da bronzezeitliche Hügelgräber. Schon seit der Steinzeit siedelten Menschen auf den hohen, sturmflutsicheren Insellagen.

Füchse – über den Hindenburgdamm nach Sylt eingewandert – haben die einst reiche Sylter Seevogelwelt gründlich ruiniert. Aus Fuchsangst brüten Silbermöwen in Westerland auf den Hausdächern.

folgenden Warmzeit zurückließ. Ganz Norddeutschland wurde durch diese Saaleeiszeit gestaltet, ohne die es kein Schleswig-Holstein gäbe. Nord- und Ostsee würden heute ein zusammenhängendes Meer bilden, mit nur ganz wenigen Inseln, wie zum Beispiel Helgoland, das seine Entstehung älteren geologischen Vorgängen verdankt.

Auch die letzte Eiszeit, die vor etwa 20 000 Jahren zu Ende ging, mit ihren Gletschern aber nur die Ostküste von Schleswig-Holstein erreichte, hat noch mit Schmelzwassersänden und Strömungen in die Sylter Geest eingegriffen. Die Sylter Geest besteht aus einem Block zwischen → *Kampen,* → *Westerland* und → *Keitum* sowie einem Block mit den Dörfern → *Archsum* und → *Morsum* bis zum → *Morsum-Kliff* hin. Auch im Bereich von → *Rantum* und → *List* sind offenbar im Untergrund Geestplatten vorhanden. Mit mehr als 24 Metern über NN (Normalnull) erreicht die Sylter Geest zwischen → *Braderup* und Kampen ihre höchsten Punkte. Im Bereich von Westerland sind es nur etwa sieben Meter, in → *Tinnum* nur noch bis zu fünf Meter. Auch die Geest von Archsum und Morsum liegt nur wenige Meter über NN. Lediglich am Morsum-Kliff ist ein Anstieg auf bis zu 23 Meter zu verzeichnen. Geest leitet sich übrigens von „güst" (unfruchtbar) ab und bezeichnet auch die Bodenqualität der Sylter Geest.

Gezeiten ist die Bezeichnung für den Wechsel zwischen Ebbe und Flut. Die Flut steigt sechs Stunden bis zum höchsten Punkt, dem Hochwasser, und ebenso lange dauert die Zeit der Ebbe bis zum niedrigsten Punkt, dem Niedrigwasser. Der Höhenunterschied zwischen Niedrig- und Hochwasser wird Tidenhub genannt. Er beträgt am Sylter Weststrand etwa 1,80 Meter. Ebbe und Flut werden durch die Anziehungskraft des Mondes und durch Fliehkräfte auf der mondabgewandten Seite der Erde bewirkt. Entsprechend der Umlaufbahn des Mondes um die Erde verschieben sich die Gezeiten täglich um etwa 50 Minuten. Alle 14 Tage kommt eine zusätzliche Kraft hinzu, wenn von der Erde aus Mond und Sonne in einer Geraden stehen und sich die Anziehungskraft der Sonne zusätzlich auswirkt. Dann gibt es für einige Tage Springtide mit größerem Tidenhub: Die Flut steigt etwa 40 Zentimeter höher als normal, und auch die Ebbe fällt entsprechend tiefer. Zwischen den Springtiden steht die Sonne im rechten Winkel zum Mond und hebt dessen Anziehungskraft teilweise auf, sodass eine Nipptide zu verzeichnen ist. Dann bleibt die Flut einen knappen halben Meter unter normaler Höhe, während die Ebbe entsprechend weniger tief zurückfällt. Unregelmäßiger beeinflussen Windstärken den Wasserstand. Bei Ostwind, wie er im Sommer, aber auch in kalten Wintern nicht selten ist, drückt der Wind gegen die Flut, und die Ebbe fällt um Meter tiefer als normal. Umgekehrt stauen Südwest- und Westwinde die Flut gegen die Küste auf und bewirken Sturm- und Orkanfluten bis zu drei Meter und mehr über dem Stand des normalen Mitteltidehochwassers.

Grabsteine Wer die Grabsteine aus dem 17. bis zum 19. Jahrhundert mit ihren Reliefdarstellungen von Schiffen, → *Mühlen* und Familien-Allegorien auf den Nachbarinseln → *Föhr* und → *Amrum* kennt, wundert sich, dass solche Grabsteine auf Sylt nahezu vollständig fehlen, obwohl die Sylter als Seefahrer mit den gleichen Kulturkreisen in Berührung kamen wie die Föhrer und Amrumer. Unbeantwortet blieb bislang auch die Frage, ob solche Grabsteine früher auf Sylter Friedhöfen vorhanden waren, später jedoch möglicherweise verschwanden oder umgearbeitet worden sind. Lediglich ein Grabstein auf dem Morsumer Friedhof erinnert an solche auf Föhr und Amrum, doch ist die Inschrift für Peter Sparbohm später neu eingesetzt worden. Häufiger sind hingegen noch einige alte Grabplatten vor der

Vorangehende Doppelseite:
Die Flut kommt und treibt den flockigen Wellenschaum über Strand und Watt.

Grabplatte des Ehepaars Inken und Uwe Peters, Keitum. Die Ehefrau wurde entsprechend der damals gültigen Namensgebung mit Familiennamen auch Uwen genannt.

Morsumer Kirche und am nördlichen Wall des Keitumer Friedhofs. Sie lagen einst auf den Gräbern bedeutender Ratsmänner, Landvögte und Kapitäne. Erhalten sind zum Beispiel die Grabplatten von Peter Taken (1613–1685), der 50 Jahre lang Landvogt auf Sylt war, und von dem Kapitän Uwe Peters (1729–1811) und seiner Frau Inken (1734–1800). Letztere ist die einzige Grabplatte, auf der ein Schiff abgebildet ist. Sehens- und lesenswert ist auch die Familiengrabstätte der Walfangkommandeure und Kapitäne der Familie Teunis auf dem Keitumer Friedhof. Auf dem neuen Westerländer Friedhof ist noch die Grabplatte des bekannten Grönlandkommandeurs Lorens Petersen de → *Hahn* (1668–1747) vorhanden, doch ist auch diese Platte mit einem anderen Namen (Prott) versehen worden.

Grönlandfahrt Weil Spitzbergen, das Hauptfanggebiet der Walfänger, zunächst für die Ostküste von Grönland gehalten wurde, bezeichnete man die Fahrten in das Eismeer als „Grönlandfahrt" und behielt diese Bezeichnung auch bei, nachdem der geografische Irrtum erkannt und korrigiert worden war. Im Februar schifften sich Knaben und Männer auf der Insel ein und fuhren mit Küstenfrachtern zu niederländischen Häfen, vor allem nach Amsterdam, bald auch nach Hamburg und Altona. Nach Ausrüstung des Schiffes segelte man hinauf in das Eismeer um Spitzbergen und Jan Mayen, um Wale zu erbeuten, aus deren Speckschicht Tran gekocht wurde. Dieser diente vorwiegend als Brennstoff für Straßen- und Hauslaternen europäischer Großstädte. Als um 1770 herum der Walbestand stark dezimiert war und sich die Fahrten kaum noch lohnten, mussten nebenbei Robben geschlagen werden. Doch auch deren Populationen gingen rasch zur Neige, sodass die Grönlandfahrten für die Reeder nordeuropäischer Hafenstädte kaum noch lukrativ waren. Letzte Fahrten mit Sylter Kapitänen (Peter Eschels) fanden 1836 statt.

Walfang im Eismeer – der Harpunier schleudert seine Lanze. Im Hintergrund das „Mutterschiff", an dessen Bordwand ein erlegter Wal „abgeflenst" wird (so nannte man das Abschneiden der Speckschicht).

Dirk Meinerts Hahn (1804–1860) war einer der vielen Sylter Kapitäne Großer Fahrt, die Segelschiffe über alle Weltmeere führten. Leider verfiel der Kapitän in seinen letzten Lebensjahren im Verkehr mit Kurgästen der Trunksucht.

Die Grönlandfahrten forderten durch Havarie, Eisgang und die Mangelkrankheit Skorbut hohe Verluste unter den Inselfriesen. Schon die Fahrten zwischen den Inseln und den Ausgangshäfen waren gefährlich. So kenterte beispielsweise 1744 das Schiff des Sylter Schiffers Theide Bohn auf der Reise nach Amsterdam kurz nach der Ausfahrt, und über 80 Knaben und Männer ertranken nicht weit von ihrer Heimatinsel. Sylt stellte in der Zeit der Grönlandfahrten zwischen etwa 1630 und 1836 neben Mannschaften in allen Rängen zahlreiche Kommandeure. Der berühmteste war Lorens Petersen de → *Hahn*, der 169 Wale erbeutete.

Gronau, Wolfgang von (geb. 26.7.1901, gest. 28.7.1988) Flugpionier, der von → *List* aus mit einem Dornier Wal-Flugboot Anfang der 1930er Jahre Nordatlantik- und Weltrundflüge unternahm. Ein Gedenkstein am Hafen von List erinnert an diese Flüge nach New York und nach Chicago sowie an den Rundflug von List über Alaska, Hongkong, Batavia, Bombay und Athen zurück nach List. Wegen dieser damals Aufsehen erregenden Fliegerleistungen wurde der Angehörige der Verkehrsfliegerschule List zum Ehrenbürger des Ortes ernannt. Auf dem Lister Dünenfriedhof hat Wolfgang von Gronau seine letzte Ruhestätte gefunden.

Grünkohl Die Insel Sylt war früher nicht reich an Gemüsesorten, aber einen Kohlgarten mit Grünkohl gab es bei jedem Haus. Grünkohl war das „Nationalgemüse" der Sylter und der benachbarten Inselfriesen. Eine besondere Bedeutung erhielt dieser Kohl durch die Legenden um den friesischen Freiheitshelden → *Pidder Lyng*, der den Sohn des Tonderner Amtmanns Pogwisch in einem Grünkohltopf erstickt haben soll.

Häfen Die Westküste von Sylt ist wegen ihrer hohen Brandung für die Anlegung eines Hafens nicht geeignet. Trotzdem soll es in Alt-Wenningstedt vor der Rungholt-Flut von 1362 einen Hafen gegeben haben, von dem aus damalige Völkerschaften nach Großbritannien fuhren. Auch die Ostküste Sylts bietet keine guten Voraussetzungen, weil hier bei Ebbe das Wasser fehlt. Historische Bedeutung hatte der → *Königshafen* zwischen → *Ellenbogen* und → *List*, ein Naturhafen, der im Mai des Jahres 1644 Schauplatz einer Seeschlacht zwischen schwedischen und holländischen auf der einen und dänischen Schiffen auf der anderen Seite war.

Hafencharakter hatte im 15. und 16. Jahrhundert auch der → *Budersand* am Hörnumtief, wo die Flotte der Sylter Heringsfischer lag. Eine Insel kommt aber nicht ohne Häfen aus. Deshalb wurden früher bis zum Land führende Priele für Hafenanlagen genutzt, so nach Westerland-Tinnum und ab 1801 durch Genehmigung des dänischen Königs Christian VII. nach → *Keitum*, wo noch heute das Packhaus an die Hafenzeit erinnert. Aber der Hafen hatte keinen Bestand, er war – wie vorherige – Ende der 1860er Jahre verschlickt. Kurz zuvor war bei → *Munkmarsch* ein Hafen entstanden, über den sich der → *Fremdenverkehr* in → *Westerland* entwickelte, zunächst durch eine Landverbindung mit Kutschen, ab 1888 mit einer Bahn. Dieser Hafen diente bis zum Bau des → *Hindenburgdamms* dem Linienverkehr mit Hoyer-Schleuse an der Festlandküste. Heute können hier größere Schiffe kaum noch anlegen. Aber für die Muschelfischerei der Familie Rönnebeck hatte der Hafen noch bis 1991 Bedeutung. Heute gehört er dem Sylter Segelclub als Liegeplatz seiner Jachten.

Der Hörnumer Hafen entstand im Zusammenhang mit der Bäderlinie der Nordseelinie (→ *HAPAG*), zunächst durch den Bau einer 153 Meter langen Brücke im Jahr 1901. Seine heutige Form erhielt er erst durch das Militär im Jahr 1937. Ungeachtet der Demontage der militärischen Anla-

Oben: Der Hörnumer Hafen mit Leuchtturm. Schon in früheren Jahrhunderten ankerten hier im Lee hoher Dünen Schiffe, zum Beispiel die Heringsfischerflotte am nahen Buder.

Der Hafen von List. Im großen, windgeschützten Hafenbecken haben sich zahlreiche Schiffe versammelt, und hin und her fahren die Fähren zur nahen dänischen Insel Rømø.

gen nach dem Zweiten Weltkrieg baute der Bund den Hafen durch eine Schutzmole und einen Jachthafen weiter aus. Zollkreuzer, Wasserschutzpolizei, Krabbenfischer, Muschelkutter und sonstige Schiffe bevölkern das geräumige Hafenbecken, ebenso die weißen Schiffe der Adler-Flotte, die von → *Hörnum* aus zu den → *Seehunden*, zu Nachbarinseln und Halligen und bis nach Nordstrand fahren. Und Dampfer der Wyker Dampfschiffs-Reederei (W.D.R.) fuhren von hier aus nach Helgoland. Auch der Hafen von List verdankt seinen Ausbau dem Militär, genauer der Luftwaffe, die neben ihren Flugzeughallen 1936 den Hafen anlegte. Nach Kriegsende übernahm auch hier die Bundesrepublik die Anlagen, ehe der Hafen 1977 in den Besitz der Gemeinde List überging. Jollen und Jachten, ein Seenotrettungskreuzer, Ausflugsschiffe der → *Adler-Reederei*, darunter als Oldtimer die „Gret Palucca", Fischkutter und Forschungsboote der Biologischen Anstalt Helgoland vermitteln dem Hafen ein maritimes Stimmungsbild. In der Hauptsaison legen fast stündlich die Großfähren „Vikingland" und „Westerland" der Rømø–Sylt-Linie an. Sehr viel stiller ist dagegen der Seglerhafen am Deich des Rantum-Beckens, begünstigt durch einen auch bei Niedrigwasser noch schiffbaren Priel zur Rantum-Lohe bzw. zum Hörnumtief. Er wurde erst in jüngster Zeit eingerichtet und wartet auf einen weiteren Ausbau.

Hahn, Dirk Meinerts (geb. 29.1.1804 in Westerland, gest. 5.8.1860 ebenda), Sylter Kapitän. Hahn gehörte zu den Hunderten von Sylter Kapitänen, die nach den napoleonischen Kriegswirren die inselfriesische → *Seefahrt* neu belebten. Insbesondere Altona, damals noch zum dänischen Gesamtstaat gehörend, war ein Sammelpunkt inselfriesischer Kapitäne. Allein in der Zeit von 1776 bis 1850 lassen sich dort etwa 130 Kapitäne von Sylt nachweisen. Dirk Meinerts Hahn führte Schiffe des Altonaer Reeders

Simon Dede in die Karibik, nach New York und einmal, im Sommer 1838, mit 200 Auswanderern nach Australien, wo er die deutschen Glaubensflüchtlinge nicht nur an Land setzte, sondern sich auch um deren Unterbringung und Ansiedlung bemühte. Die Auswanderer nannten ihre Siedlung dem Sylter Kapitän zu Ehren Hahndorf. 1851 beendete der Kapitän die Seefahrt. Seine Grabplatte steht an der Ostmauer der Dorfkirche Westerland.

Hahn, Lorens Petersen de (geb. 1668 in Rantum, gest. 4.3.1747 in Westerland), Sylter Walfangkommandeur und Strandinspektor. Schon mit 25 Jahren wurde de Hahn Kommandeur des Hamburger Walfangschiffs „De swarte Arend". Auch seine vier Brüder Andreas, Cornelius, Jan und Meinert waren Kommandeure in Hamburg. In seinem erfolgreichsten Jahr 1701 erlegte de Hahn (auch Haan geschrieben) 18 und einen halben Wal – halbe Wale gab es infolge der Zusammenarbeit mit anderen Schiffen.

Von 1703 bis 1735 führte er unter wechselnden Reedern den Walfänger „De Stadts Welvaert", ehe er sich im Alter von 67 in Westerland zur Ruhe setzte. Insgesamt hatte er 169 Wale erbeutet, aber in den letzten Jahrzehnten war der Fang infolge der starken Bejagung mager gewesen. Es gab Jahre, in denen kein einziger Wal erbeutet wurde. Im Ruhestand übte de Hahn als Strandinspektor die Oberaufsicht über den Strand und die Strandvögte von → *Westerland* bis → *Hörnum-Odde* aus. Das Haus des Kommandeurs, das in Westerland beinahe einer Brandstiftung zum Opfer gefallen wäre, steht heute im Freilichtmuseum Kiel-Molfsee.

Halmpflanzen → *Wanderdünen* bedrohten seit Jahrhunderten Sylter Dörfer, insbesondere → *Rantum*. Auch → *Sturmfluten*, die in Dünenwälle einbrachen, trugen dazu bei, den Sand in Bewegung zu bringen. Aber erst seit den 1830er Jahren wurden die Wanderdünen auf Initiative des Strandinspektors

Die Hütte der Halmpflanzer auf Hörnum, „Löwenhotel" genannt. Seit Ende des 19. Jahrhunderts wurden Pflanzer vom Staat angestellt, um den Sandflug und die Wanderdünen zu bändigen. Vor allem für arme Seemannswitwen bot sich dadurch ein Verdienst.

Halmreepen waren in früheren Jahrhunderten das bevorzugte Bindematerial für Reetdächer und andere Zwecke auf Sylt. In einem speziellen Verfahren hergestellt, waren sie zeitweilig – neben Produkten von Schafen sowie Strandgut und Möweneiern – das einzige „Exportprodukt" der Insel.

Manne Broder → *Decker* mit → *Strandhafer* bepflanzt. Zuvor hatten die Salzwiesen der Rantum-Inge in wenigen Jahren fast 20 Hektar durch Übersandung verloren. Nach dem Krieg von 1864 und dem Wechsel zu Preußen bzw. zum Deutschen Reich (1871) übernahm der Staat, zunächst unter Leitung von Graf Adelbert von Baudissin, dann unter dem Düneninspektor F.J. Hübbe, die Bepflanzung gefährlicher und gefährdeter → *Dünen*. Nun fanden viele Sylter Tagelöhner, Männer und Frauen, als Halmpflanzer Arbeit beim Staat – wobei das Kuriosum entstand, dass die Rantumer dafür bezahlt wurden, ihre eigenen Dünen zu bepflanzen. Auf → *Hörnum* erbauten sich die Halmpflanzer eine urtümliche Unterkunft, „Löwenhotel" genannt.

Halmpflanzungen zur Befestigung vegetationsloser Dünen sowie ausgewehter Dünenschluchten und -aufbrüche am Strand sind unverändert aktuell. Zuständig ist das Küstenschutzamt, das nach mehrfachem Namenswechsel (Wasserbauamt, Marschenbauamt, Amt für Land und Wasserwirtschaft, Amt für ländliche Räume) gegenwärtig den Namen „Landesbetrieb für Küstenschutz, Nationalpark und Meeresschutz Schleswig-Holstein" trägt.

Halmreepen Seile aus → *Strandhafer*, dessen Halme man nach Schnitt, Trocknung, Weichklopfen und Einfeuchten mit beiden Händen zusammendrehte. Halmreepen wurden sowohl als Wäscheleinen wie auch, in dünnerer Ausführung, zum Binden von Reetdächern genutzt und hatten eine lange Lebensdauer. Für ärmere Inselbewohner war ihre Herstellung oft die einzige Einkommensquelle, die jedoch in Konflikt mit dem Interesse an dichtem Bewuchs der → *Dünen* geriet.

Hans von Kiel Rätselhafter Chronist, auch Kielholt genannt, Sohn eines Priesters an der „Westerseekirche" von → *Rantum* in vorreformatorischer Zeit. Der nach dem Tod seines Vaters nach Sylt heimkehrende Student fand die Kirche und

Teile der übrigen Insel von → *Sturmfluten* verwüstet und entdeckte die ersten → *Dünen* am Meeresufer. Ebenso wird vom
noch vorhandenen Heidentum und einer Neuweihung der
Sylter Kirchen sowie von „Kämpern" berichtet, die die
Bevölkerung drangsalierten, ehe sie vom dänischen König
gefangen und hingerichtet wurden. Leider lässt sich dieser
älteste Bericht über Sylt nicht genau datieren, bezieht sich
aber vermutlich auf Ereignisse im 15. Jahrhundert.

Hansen, Christian Peter (geb. 28.8.1803 in Westerland, gest.
9.12.1879 in Keitum), Chronist. Der als Lehrer und Küster in
→ *Keitum* wirkende Hansen gilt als bedeutendster Chronist
von Sylt. Neben den Publikationen zur Sylter und nordfriesischen Geschichte, unter anderem „Chronik der friesischen
Uthlande" (1856), „Das schleswigsche Wattenmeer und die
friesischen Inseln" (1865), „Der Sylter Friese" (1860) und
„Der Badeort Westerland und seine Bewohner" (1868),
machte sich Hansen vor allem durch das Sammeln von →
Sagen und Erzählungen einen Namen. Eine weitere wichtige
Hinterlassenschaft sind seine naturkundlichen, geologischen und prähistorischen Sammlungen, die heute im Keitumer → *Heimatmuseum* aufbewahrt werden. Durch seine
vielseitigen Kontakte und Korrespondenzen sowie die zahlreichen Publikationen machte er Sylt in einer Zeit bekannt,
als der → *Fremdenverkehr* seinen Fuß auf die Insel zu setzen
begann. In der Auseinandersetzung zwischen Schleswig-
Holstein und Dänemark sowie im späteren Deutsch-Dänischen Krieg des Jahres 1864 stand Christian Peter Hansen –
wie fast alle Sylter – fest auf der deutschen Seite. Ein Porträt
des auch heute noch viel zitierten Chronisten befindet sich
an der Orgelbrüstung der Keitumer Kirche.

HAPAG (heute Hapag-Lloyd AG) 1847 als „Hamburg-Ameri-
kanische Packetfahrt-Actien-Gesellschaft" gegründete Reederei. Umständliche und schwierige, von Wind und
Wasser abhängige Schiffsverbindungen nach Sylt veran-

Der HAPAG-Raddampfer „Cobra" verkehrte zwischen Hamburg, Helgoland und Hörnum und begründete eine glanzvolle Zeit des Seebäderverkehrs, als es noch keinen Hindenburgdamm gab.

Christian Peter Hansen (1803–1879), Küster und Lehrer in Keitum und Chronist der Insel. Ihm verdankt Sylt den größten Teil seiner historischen Literatur.

lassten kurz vor der Wende zum 20. Jahrhundert den Direktor der Nordsee-Linie, Albert Ballin, eine Seeverbindung von Hamburg bis → *Hörnum* zu erkunden. Das Ergebnis war, dass die großen Hamburger Passagierdampfer dank des Hörnumtiefs unabhängig von den → *Gezeiten* am Ostufer von Hörnum anlegten. Das Endziel des Reeders war jedoch nicht Hörnum, sondern das aufgeblühte Seebad → *Westerland*. Und um dieses Ziel zu erreichen, musste zunächst eine Bahn vom Anleger Hörnum bis Westerland gebaut werden, die Südbahn, die am 27. Juni 1901 durch → *Dünen* und Heidetäler ihre erste Fahrt absolvierte. Seit dem Zusammenschluss der Nordsee-Linie und der HAPAG unter der Direktion von Albert Ballin im Jahr 1905 firmierte der Seebäderverkehr unter dem Namen HAPAG. „Cobra", „Silvana" und „Prinzessin Heinrich" waren die ersten Dampfer, denen 1905 die „Kaiser" und 1913, kurz vor Ausbruch des Ersten Weltkriegs, die „Königin Luise" folgten. Nach Kriegsende mussten die Dampfer, die nicht versenkt worden waren, an die Siegermacht Großbritannien abgeliefert werden. 1920 begann die Neueinrichtung der Linie Hamburg–Helgoland–Hörnum mit dem Dampfer „Bubendey" (später in „Glückauf", dann in „Kehrwieder" umbenannt), 1921 wurde die „Kaiser" zurückgekauft, 1934 kam die neu gebaute „Königin Luise" hinzu. Die Ankunft und die Abfahrt der großen, weißen Passagierschiffe gehörten zu den eindrucksvollsten Bildern der Sylter Badesaison. Bis zum Bau des → *Hindenburgdamms* 1927 fuhr die „Kaiser" sogar im Winter nach Hörnum.
Nach einer erneuten Unterbrechung durch den Zweiten Weltkrieg konnte die neu gegründete Gesellschaft unter dem Namen HADAG (Hafendampfschiffahrt-AG) den Bäderverkehr erst ab Juni 1952 wieder aufnehmen, zunächst mit der „Bürgermeister Ross", der 1955 die „Wappen von Hamburg" folgte.

Bis 1976 bestand diese Direktverbindung über See mit Hamburg, ehe die HADAG den Verkehr nach Hörnum einstellte und nur noch bis Helgoland fuhr. Die Zwischenverbindung Hörnum–Helgoland wurde jedoch während der Saison bis zu viermal wöchentlich mit Schiffen der Wyker Dampfschiffs-Reederei (W.D.R.) hergestellt, aber derzeit besteht keine Verbindung mehr zwischen Sylt und Helgoland.

Hasen Zu den wenigen Vertretern der ursprünglichen Sylter Säugetierfauna gehört der Hase, der bereits um 1231 im „Erdbuch", einem Land- und Steuerregister des dänischen Königs Waldemar, erwähnt wurde. Dabei bleibt aber fraglich, ob der Hase schon immer auf Sylt vorhanden war oder zu Jagdzwecken für die Landesherrschaft ausgesetzt worden ist. Jedenfalls beanspruchten um 1643 der Amtmann von Tondern und wenig später der Herzog Christian Albrecht das Jagdregal und drohten den Syltern mit strengen Strafen, „falls diese sich gelüsten sollten, Hasen zu schießen ..."

Hasen gehören unverändert zur Säugetierfauna von Sylt, sie sind hinsichtlich der Mengen und Jagdstrecken allerdings von → *Wildkaninchen* überrundet worden.

Heide Die Besenheide *(Calluna vulgaris)*, eine Charakterpflanze der Insel Sylt, ist sowohl in den → *Dünen* als auch auf der relativ unfruchtbaren Inselgeest zu finden, insbesondere zwischen → *Braderup* und → *Kampen* sowie zwischen Kampen und Kliffende. Die Heide ist ein Holzstrauch, der früher als Brennmaterial, aber auch für die Herstellung von robusten Stallbesen eine große Rolle auf der Insel spielte. Heute steht Heide unter → *Naturschutz*. Das Heidekraut schmückt sich im Hochsommer mit rosa-violetten Blüten, die sich dicht an dicht wie ein Teppich ausbreiten. „Di hiid es briir", die Heide ist Braut, heißt es dann auf Sylt. Zum Heidekraut zählt auch die

Oben: Blühende Glockenheide. Neben Krähenbeere und Besenheide prägt die rosa blühende Glockenheide im Hochsommer die feuchten, anmoorigen Dünentäler im Listland und rund um Hörnum.

Heimatmuseum in Keitum – ein Friesenhaus mit Backengiebel, während die meisten anderen Sylter Friesenhäuser einen Spitzgiebel zeigen. Giebel wurden aus Feuerschutzgründen gebaut.

Krähenbeere *(Empetrum nigra)*, die in den Dünen und auf der → *Geest* großflächig verbreitet ist und im Hochsommer schwarze Beeren trägt, die man essen kann. Auch Vögel – Brachvögel, Stare und vor allem Möwen – versammeln sich zur Zeit der Beerenreife im Gelände, um die Früchte zu fressen.

Heide ist eine Kulturfolgepflanze auf dem mageren Geestboden nach Aufgabe der → *Landwirtschaft*, bedarf aber menschlicher Nutzung, wenn sie nicht absterben soll. Überalterte und absterbende Heide wurde Anfang der 1990er Jahre mit hohen Kosten seitens der Landesnaturschutzbehörde durch Mahd und Abplaggen der oberen Humusschicht erfolgreich regeneriert.

Heimatmuseum Schon 1908, wenige Jahre nach dem Erwerb des → *Altfriesischen Hauses* in → *Keitum*, konnte die → *Söl'ring Foriining* im selben Ort auch das 1759 erbaute Haus des Kapitäns Uwe Peters erwerben und als Museum für die Natur und Geschichte Sylts einrichten. Den Schwerpunkt bildet die → *Seefahrt* mit Kapitänsbildern, Schiffsmodellen und Navigationsgeräten. Eine Puppenstube zeigt die „Braut-Tracht" der 1930er Jahre, alte Stiche die Sylter → *Trachten* früherer Jahrhunderte. Eine andere Abteilung ist dem Hausrat in Altsylter Häusern vorbehalten. Neben alltäglichen Geräten und Einrichtungen waren in den Häusern der Seefahrer immer auch mitgebrachte Gegenstände aus fernsten Ländern zu finden. Auch Kaffee, Tee und Gewürze fanden früh ihren Weg zur Insel – sei es durch → *Seefahrt*, sei es durch → *Strandungsfälle*.

Das Dachgeschoss zeigt in zwei Räumen die Geologie der Insel, beruhend vor allem auf den Sammlungen von Christian Peter → *Hansen* (1803–1879), sowie Ausgrabungsfunde von der Steinzeit bis zum Mittelalter. Auch den Sylter Persönlichkeiten, vor allem Uwe Jens → *Lornsen* (1798–1838) ist ein Raum gewidmet. Eine Gemäldesammlung stellt die auf Sylt geborenen Maler Andreas Dirks (1866–1922) und Günther Petersen (geb. 1920) sowie auf Sylt lebende Künstler, darunter Magnus Weidemann (1880–1967) und Siegward Sprotte (1913–2004) vor.

Hering Im 15. und 16. Jahrhundert tauchten westlich von Sylt und bis hinunter nach Helgoland riesige Heringsschwärme auf, die eine umfangreiche Heringsfischerei ermöglichten. Im 16. Jahrhundert wurde der Hering wohl deshalb in das Sylter Siegel bzw. spätere Wappen aufgenommen, weil er zu dieser Zeit der „Brotfisch" der Sylter war. Die dänische Bezeichnung „Sild" für den Hering hat immer wieder zu der Vermutung Anlass gegeben, Sylt habe nach dem Hering seinen Namen erhalten. Diese Deutung ist jedoch sehr umstritten.

Himmelsleiter ist der Name einer Bohlentreppe im Süden von → *Westerland*, die auf eine der höchsten Sylter → *Dünen* hinaufführt. 26 Meter über NN zeigt die Karte des Landesvermessungsamtes an. Die Aussichtsplattform ermöglicht einen Rundblick über Insel und Meer.

Hindenburgdamm Als Sylt durch die → *Volksabstimmung* im deutsch-dänischen Grenzraum im Jahr 1920 seinen Festlandhafen Hoyer an Dänemark verlor, wurde ein schon in früheren Jahrhunderten publizierter und 1913 vom Preußischen Landtag genehmigter Plan wieder aktuell – Sylt durch einen Damm mit dem Festland zu verbinden. Und weil die Sylter bei der Abstimmung mit rund 88 Prozent für Deutschland gestimmt hatten, wurde ihnen trotz schwerer Zeiten in den Nachkriegsjahren und steigender Inflation der Damm als „Dank für ihre Abstimmungstreue" geschenkt – ein Geschenk, das aber nicht alle Sylter als ein solches empfanden. Denn schließlich bedeutete der Damm eine unmittelbare Verbindung zur Unruhe der „großen Welt" und den Anfang vom Ende des bis dahin noch weitgehend friesischen Insellebens.

Oben: Eisenbahnzug auf dem Hindenburgdamm. Der Damm erhielt seinen Namen durch eine spontane Reaktion auf einer Feier anlässlich seiner Einweihung im Jahr 1927. Später versuchte man angesichts der politischen Geschichte den Namen „Sylter Damm" einzuführen – bis heute vergebens.

Speziell für den Autotransport gebaute, doppelstöckige Bahnwagen rollen im Stundenabstand zwischen Niebüll und Westerland hin und her. Der Damm ist die „Goldader" der Deutschen Bahn AG, von Streckenstilllegung keine Rede.

Nachdem die Bahnschiene von Niebüll nach Klanxbüll verlängert worden war, begann im Mai 1923 der Dammbau zunächst vom Festland, ab 1925 auch von Sylt aus. Unter Einsatz damals modernster Maschinen (Spülbagger, Schaufelbagger, Schutensauger, Dampframmen usw.), mit gewaltigem Materialaufwand und einem Heer von Arbeitskräften wurde der Dammbau den Sommer hindurch vorangetrieben, aber dann zerstörte eine ungewöhnlich hohe → *Sturmflut* am 30. August 1923 fast alles, was bis dahin geschaffen war. Erst im Frühjahr 1924 konnte die Arbeit fortgesetzt werden, und 1925 begann man auch von Sylt aus den Dammbau in das → *Watt* zu treiben. Am 15. September 1925 war eine durchgehende Spundwand zwischen Sylt und Festland vollendet – Grundlage für den weiteren, gesicherten Bau. Schon im Oktober fuhr eine Feldbahn durchgehend zwischen Klanxbüll und → *Nösse*, sodass der Transport von Menschen und Material wesentlich erleichtert wurde und nun der eigentliche Damm in geplanter Breite ausgebaut werden konnte. Die offizielle Einweihung des Damms erfolgte am 1. Juni 1927 durch den Besuch des Reichspräsidenten Paul von Hindenburg – für Sylt und die Sylter ein großes Ereignis mit entsprechend aufwendigem Programm und Festumzügen. Und nun erst tauchten Vorschläge auf, den Damm nach Hindenburg zu benennen.

18,5 Millionen Reichsmark kostete der elf Kilometer lange Damm, hinzu kamen 6,5 Millionen für den Ausbau der Bahnschiene Niebüll–Klanxbüll und Nösse–Westerland mit dem Bahnhof. Auftraggeber war die Reichsbahn, und bis heute ist der Damm Eigentum der Bahn geblieben.

Die erhoffte Wirkung der neuen, schnellen Verbindung mit dem Festland, nämlich eine deutliche Steigerung des Fremdenbesuchs, blieb aber zunächst aus. Es folgten Weltwirtschaftskrise, Drittes Reich und Zweiter Weltkrieg. Erst nach dem Krieg begann die stürmische Entwicklung des → *Fremdenverkehrs*. Nun wurden auch immer mehr Autos über den Damm transportiert, sodass 1972 ein zweigleisiger Ausbau erfolgen musste. Heute verkehren fast stündlich Personen- und Autozüge, etwa 560 000 Autos werden jährlich hin und her befördert. Der Hindenburgdamm ist die „Goldader" der Deutschen Bahn AG, von Streckenstilllegung ist keine Rede. Und auch wiederholte Vorschläge, längs der Schiene eine Autostraße anzulegen, wurden und werden energisch von der Bahn zurückgewiesen.

Der Hindenburgdamm hat in der Zeit seines Bestehens schwere → *Sturmfluten* mit entsprechenden Schäden und Verkehrsunterbrechungen erlebt, so 1936, 1962, 1976 und 1981. Aber es hat keine gravierenden Dammbrüche gegeben. Zu den negativen Folgen des Dammbaus gehören die erhöhten Wasserstände, die bei Sturmfluten bei → *Nösse* und → *Rantum* auftreten und die eine Verstärkung des Küstenschutzes notwendig gemacht haben. Der Hindenburgdamm ist nämlich nicht genau auf der Flutscheide im Watt zwischen Sylt und dem Festland gebaut. Andererseits bewirkt der Damm jedoch beiderseits einen Wasserstau und trägt zur Sedimentation und Neulandbildung bei. Der Friedrich-Wilhelm-Lübke-Koog verdankt seine Entstehung teilweise dem Damm, ebenso Vorländer am Föhrer Deich.

„Hinterhof" Das überschwängliche Bau(un)wesen auf Sylt und die Infrastruktur des boomenden → *Fremdenverkehrs* machten einen entsprechenden „Hinterhof" für die Entsorgung und Müllabfuhr erforderlich. Eine schlimme Wunde in der Landschaft waren jahrzehntelang Kies- und spätere Müllgruben zwischen → *Munkmarsch* und → *Braderup*. Aber auch der Anblick diverser Landstriche längs der Bahnstrecke Morsum–Westerland vermittelt nichts vom Anspruch der Insel, „Königin der Nordsee" zu sein.

Am besten macht man die Augen bei Morsum zu und erst bei der Ankunft in Westerland wieder auf, wenn man sich Illusionen bewahren will.

Hörnum Die Sylter Südspitze (Hörn = Spitze) wurde erst nach 1900 besiedelt. Vorher war Hörnum berüchtigt als Stätte zahlreicher → *Strandungsfälle* und umherirrender Schiffbrüchiger, die in der menschenleeren Einöde verhungerten und verdursteten. Amrumer, Föhrer und Sylter Strandräuber trieben sich hier herum, und Eiersammler durchstreiften die → *Dünen*, als hier noch Tausende von → *Möwen* und andere Seevögel nisteten. Eine Schutzhütte für Schiffbrüchige, im 18. Jahrhundert errichtet, fiel bald wieder in sich zusammen. Erst 1871 entstand eine neue Einrichtung dieser Art, das erste feste Gebäude aus Stein auf Hörnum. Aber die eigentliche Besiedlung erfolgte erst 1901 durch den Bau einer Landungsbrücke und die Anlage einer Bahnstrecke zwischen Hörnum und → *Westerland*. Ein Bahnhof mit Wohnungen, ein HAPAG-Haus, seit 1911 auch mit Ferienhäusern für Angestellte der Hamburger Reederei, sowie ein als künstliche Ruine gestalteter Wasserturm waren die ersten Gebäude auf Hörnum. 1907 kam der Leuchtturm mit Wärterhaus dazu, mit einem Schulzimmer im Turm für die wenigen Kinder.

Im Jahr 1927 zählte der Ort nur sieben Gebäude. Aber dann wurde es plötzlich laut. Nachdem schon im Ersten Weltkrieg die Inselwache auf Hörnum in Stellung gegangen war, richtete sich ab 1935 die Luftwaffe mit einem Fliegerhorst für Wasserflugzeuge ein und baute Reihen von Wohnungen unten im Tal und auf der Düne, die noch heute das Ortsbild prägen. Im Norden des Ortes entstand ein umfangreicher Kasernenkomplex, der ebenso wie die Wohnungen das Landschaftsbild erheblich störte.

In den Dünen entstanden wuchtige Bunker und Flugabwehrkanonen – mit der Folge, dass Hörnum in der Nacht

Oben: Hörnum. Die bis um 1900 unbewohnte Sylter Südspitze war das Revier der Strandungsfälle, der Strandräuber und der Sylter Sagenwelt. Erst durch den Seebäderverkehr wurde die Düneneinsamkeit „erschlossen".

Der Hörnumer Leuchtturm wurde zur Sicherung des Seeweges im Jahr 1906 errichtet. Aber erst in den 1930er Jahren wuchs der Ort mit Fliegerhorst, Kasernen und Militäranlagen, die noch heute Teile von Hörnum prägen.

Oben: Die Hörnum-Odde, die Südspitze der Insel Sylt, aus der Vogelperspektive. Die Odde unterliegt dem ständigen Wandel durch das Meer. Mal wächst sie durch Sandzufuhr, dann wieder wird sie abgebaut.

Der Harhoog liegt an der Uferkante südlich von Keitum. Aus den mächtigen Findlingen der Eiszeit wurden in der Steinzeit (2000–3000 v. Chr.) Grabkammern aufgebaut und über Generationen für Bestattungen genutzt.

vom 18. auf den 19. März 1940 von britischen Flugzeugen angegriffen wurde.

Nach Kriegsende wurden die Militäranlagen demontiert, die Wehrmachtsunterkünfte und Kasernen mit Ostflüchtlingen und Heimatvertriebenen belegt.

Der Bauboom nach dem Zweiten Weltkrieg ging auch an Hörnum nicht vorüber. Am 1. April 1947 wurde Hörnum eigenständige Gemeinde. Bis dahin hatte die gesamte Südspitze zu → *Rantum* gehört.

Mit der Hafenszenerie, den Ausflugsmöglichkeiten zu → *Seehunden*, Inseln und Halligen und mit den ausgezeichneten Badestränden sowohl an der West- wie auch an der Ostseite und dem eingeschränkten Autoverkehr am Ende von Sylt hat sich Hörnum zu einem beliebten Badeort entwickelt. Ein neu angelegter Golfplatz am → *Budersand* nebst zugehörigem Hotel hat die Attraktion noch gesteigert.

Problematisch sind die Küstenabbrüche, die aufwendige und nicht immer gelungene Maßnahmen, wie etwa die Tetrapodenbuhnen westlich der → *Kersig-Siedlung*, erforderten. Aber die Entwicklungen am Meer sind selten genau berechenbar. Seit Ende der 1990er Jahre wachsen der Sylter Südspitze nach jahrzehntelangem Abbruch wieder Sandmassen zu.

Hörnum-Odde Odde ist ein nordgermanisches Wort für eine ins Meer hineinragende Landzunge. Der Hörnum-Odde vergleichbar sind zum Beispiel die Skagen-Odde in Dänemark, die Hammer-Odde in Norwegen und die Hörnum gegenüberliegende Amrum-Odde.

Hünengräber Allgemeine Bezeichnung für aus eiszeitlichen Findlingen aufgesetzte Grabkammern, vorwiegend der Steinzeit angehörend. Die Toten wurden unversehrt mit Beigaben wie Waffen, Schmuck und Nahrung über etliche Generationen beigesetzt und die Steinkammern mit einem Erdhügel überdeckt. Erst in der späteren Bronzezeit wurde es Sitte, Tote zu verbrennen, die Asche in Urnen zu füllen und diese in Steinringen unter einem sich nach und nach auffüllenden Hügel beizusetzen.

Hünengräber auf Sylt sind der → *Denghoog* bei → *Wenningstedt*, der Harhoog auf der Uferkante südlich von → *Keitum*, eine Grabkammer auf der → *Heide* zwischen → *Kampen* und Kliffende sowie zwei durch Fluten und Eisgang beeinträchtigte Grabkammern am Wattufer von → *Archsum*, die angelegt wurden, als die → *Nordsee* noch weit entfernt lag.

Immobilien Nichts kennzeichnet den Sonderstatus Sylts besser als die außerordentlich hohen Grundstücks- und Immobilienpreise auf der Insel. Für alte → *Friesenhäuser* werden Liebhaberpreise bezahlt, die das Drei- bis Fünffache des realen Werts betragen. Die Folge ist, dass solche Häuser in Erbschaftsfällen oft aus dem Besitz einheimischer Familien in fremde Hände übergehen. Aber auch Bauplätze sind auf Sylt für einheimische junge Familien kaum bezahlbar, sodass für nicht wenige Sylter das Wohnen in der eigenen Heimat nicht mehr möglich ist.

Umgekehrt darf aber nicht verkannt werden, dass gerade Auswärtige die Inselkultur in den Sylter Dörfern mehr zu würdigen wissen, als es mancher Einheimische tat und tut. So wurde manches originale Friesenhaus vor der „Modernisierung" bewahrt. Nicht wenige Alt-Sylter kritisieren die Auswüchse des Sylter Immobilienmarkts und die Aktionen von Immobilienmaklern, die die Preise in die Höhe treiben. Am Anfang aber standen die Planungshoheit der einzelnen Städte und der Sylter Gemeinden sowie die Beschlüsse der Stadt- und Gemeindevertretungen, durch Ausweisung von Bauland weit über den Bedarf der Inselbewohner hinaus Bebauung und „Bettenkapazität" zu fördern. Die Explosion der Immobilienpreise war nicht mehr als eine zwangsläufige Folge dieser Beschlüsse.

Inge Der friesische Mädchenname ist auf Sylt zugleich die Bezeichnung für Wiesengelände, speziell für jene nördlich von → *Rantum*. Auch andernorts in Nordfriesland ist die Bezeichnung „Enge" nicht unbekannt, ebenso wenig im Dänischen. Ortsnamenforscher haben die Frage gestellt, ob England womöglich nicht nach den Angeln benannt wurde, sondern nach seinen grünen Wiesen, den Engen.

Ing und Dung Der mittelalterlichen Sage nach sollen zwei Frauen dieses Namens die Gelder zum Bau der Keitumer Kirche bzw. ihres Turms gestiftet haben. Zwei Findlinge, nebeneinander in die Ziegelsteinwand der Westmauer des Turms eingemauert, werden Ing und Dung genannt.

Inselbahn Nur die aus Grand aufgeschütteten Trassen, heute weitgehend als Radwege genutzt, erinnern daran, dass Sylt einmal eine von Norden nach Süden reichende Bahnverbindung hatte. Am 30. Dezember 1970 fuhr die Bahn zum letzten Mal. Aber ihre Originalität hatte sie schon Anfang der 1950er Jahre verloren, als die Dampflokomotiven durch Sattelschlepper und Schienenbusse mit mächtigen Reklametafeln ersetzt worden waren. Der erste Bahnbau erfolgte im Jahr 1888 zwischen dem Hafen → *Munkmarsch* und → *Westerland*, nachdem zuvor Pferdefuhrwerke den Transport der Kurgäste besorgt hatten. Initiator und Bauherr dieser ersten Sylter Bahn war der Inhaber der Badeanstalt Westerland Julius Adrian → *Pollacsek*. Aber schon 1893 ging die Bahn in den Besitz des Flensburger Eisenbahndirektors Emil Kuhrt über. Er ließ 1903 eine Bahnverbindung vom Westerländer Bahnhof, auch Ostbahnhof genannt, nach → *Wenningstedt* und → *Kampen* und 1908 auch nach → *List* einrichten. Die Schienenstrecke von Westerland bis List hatte eine Länge von 17,3 Kilometern und konnte nur deshalb relativ billig gebaut werden, weil pro Quadratmeter Grundflächenerwerb im Listland lediglich zwei Pfennige bezahlt werden mussten. Trotzdem erfor-

Oben: Hafen Munkmarsch mit Raddampfer der Sylter Dampfschiffahrt-Gesellschaft und der Bahn für die Verbindung nach Westerland. Erst nach dem Bau des Hindenburgdammes (1927) endete die Bedeutung als Hafenort. Heute wird Munkmarsch vor allem als Jachthafen genutzt.

Der alte Südbahnhof von Westerland, Endstation der von Hörnum kommenden „Südbahn" der Nordseelinie bzw. der HAPAG. Heute führt eine viel befahrene Straße von Westerland nach Hörnum, und die ehemalige Inselbahntrasse ist als Fahrradweg ausgebaut.

derte der Bau durch die → *Dünen* erhebliche Bodenbewe-
gungen. Zudem musste die Bahn weit um die → *Vogelkoje*
Kampen herumgeführt werden, um Störungen des Entenfangs und Schadenersatzforderungen der Kojenbetreiber
zu vermeiden. 1909 erwarb die → *Sylter Dampfschiffahrt-
Gesellschaft* (SDG) für 700 000 Mark die beiden Bahn-
linien und hatte nun sowohl den Verkehr zu Wasser als
auch zu Lande in der Hand. Eine dritte Bahnstrecke, die
vom Anleger → *Hörnum* nach Westerland führte, war
schon 1901 von der Nordseelinie, die später von der →
HAPAG übernommen wurde, gekauft worden. Endstation
dieser Bahn war der Südbahnhof nahe der Damenbad-
straße (heute Käpt'n-Christiansen-Straße).
Im Ersten Weltkrieg griff das Militär in das Sylter Bahnwe-
sen ein. Für eine direkte Material- und Menschenbeförde-
rung wurden Süd- und Ostbahnhof durch eine Schiene
verbunden und einige Nebengleise zu militärischen Anlagen gebaut. Nach Kriegsende gingen die SDG und die
Bahn in den Besitz des Holländers Regendans über, und
die neue Sylter Inselbahn AG pachtete ab 1924 die Südbahn. Als dann 1927 der → *Hindenburgdamm* eröffnet
wurde, war es mit der Sylter Dampfschiffahrt-Gesellschaft
ebenso vorbei wie mit der Bahnlinie Munkmarsch–Westerland.
Der Zweite Weltkrieg bedeutete eine erneute Zäsur. Die
Südbahn wurde von der Wehrmacht gekauft, und die
Nordbahn erhielt umfangreiche Abzweigungen zu den
Militäranlagen im Listland. Nach Kriegsende musste der
Bahnbetrieb – Autostraßen gab es nicht über Kampen
hinaus, und auch die Straße nach Hörnum war nur provi-
sorischer Natur – mit englischen und belgischen Lokomo-
tiven wieder unter Dampf gebracht werden, bis 1952 die
Neugründung der Sylter Verkehrs GmbH erfolgte, als
deren Alleininhaber ab 1956 Ruy Prahl zeichnete.

Jagd „Frei ist der Fischfang, frei ist die Jagd", heißt es in einem Sylter Vers von Christian Peter → *Hansen* über das Treiben der Fischer und Strandgänger auf → *Hörnum*. Und nach dieser Maxime haben die Insulaner jahrhundertelang gelebt. Ungeachtet der Ansprüche von Herzögen und Amtmännern auf das Jagdregal (hoheitliches Jagdrecht) nutzten die Sylter das scheinbar unerschöpfliche Reservoir an Wild für die Ernährung. Dazu gehörte die Bejagung von → *Hasen* ebenso wie die Jagd auf die im 18. Jahrhundert eingebürgerten → *Wildkaninchen,* auf → *Seehunde,* Wildenten, Gänse sowie andere Vögel, die im Frühjahr und Herbst das → *Watt* und die Küsten bevölkerten. Gejagt wurde mit Netzen, Fallen und Flinten, die noch bis in das 20. Jahrhundert hinein in vielen Sylter Häusern vorhanden waren. Auch das Sammeln von Seevogeleiern, insbesondere von Möweneiern, gehörte zum selbstverständlichen Nahrungserwerb. Die ersten erlassenen Schutzgesetze wurden zunächst kaum befolgt, weil sie der Tradition entgegenstanden. Ebenso hatte der Entenfang in den Sylter → *Vogelkojen* für die Versorgung der Inselbevölkerung mit Wildbret eine große Bedeutung.

Die Freiheit der Jagd wurde allerdings nach dem Staatswechsel von Dänemark zu Preußen 1864 bald eingeschränkt. Das preußische Jagdrecht schrieb die Einteilung von Jagdrevieren (Revier-System) und die Ausübung der Jagd nur durch Jagdpächter vor. Bei genügend großen Revieren – wie im Listland – erhielten die Grundeigentümer einen Eigenjagdbezirk. Auch die Sylter Landschaft wurde in Reviere eingeteilt, und als Jagdpächter traten nun einheimische Sylter, vor allem aber auch Hoteliers und Geschäftsinhaber aus → *Westerland* und anderen Orten auf. Westerländer Jagdpächter waren es auch, die das zwischenzeitlich ausgestorbene Wildkaninchen zu Beginn des 20. Jahrhunderts in den Dünen von Hörnum neu ansiedelten, sodass ab 1910 wieder nennenswerte Strecken erzielt werden konnten.

Das „Jagdgesetz für Preußen" vom 18. Januar 1934 (Reichsjagdgesetz) bestätigte und bekräftigte die Revierjagd und verschärfte die Bestimmungen der Wildhege und des → *Naturschutzes*. Beispielsweise durften Möweneier jetzt nur noch von den jagdberechtigten Pächtern bzw. Eigenjagdbesitzern oder deren Beauftragten gesammelt werden. 1959 wurden Rehe ausgesetzt. Weitere – allerdings unerwünschte – Wildarten wie Fuchs und Marder wanderten über den → *Hindenburgdamm* ein.

An der Spitze der jährlichen Jagdstrecken auf Sylt steht das vermehrungsfreudige Wildkaninchen (Höchststrecke 1984/85: 15 335), infolge der Myxomatose und der neuerdings auftretenden China-Seuche jedoch mit rückläufiger Tendenz. Die Hasenstrecke beträgt bis zu 600, jene der Fasane bis zu 300. Das Sylter Niederwild leidet erkennbar unter dem hohen Fuchsbestand. Im Jahresdurchschnitt werden zwischen 80 und 120 → *Füchse* erlegt. Und auf einen erlegten Fuchs rechnet man drei lebende.

Jordsand war der Name einer Hallig östlich von → *List* mit hohem Brutbestand an Seevögeln, insbesondere Seemöwen. Heute ist durch Meeresabtrag nur noch eine höhere Sandbank im Wattenmeer übrig. Bis zur → *Volksabstimmung* 1920 gehörte Jordsand zum Deutschen Reich und wurde vor allem bekannt, weil ein in Hamburg gegründeter Vogelschutzverein im Jahr 1907 die Hallig kaufte, um für die durch → *Jagd*, Eiersammler und → *Fremdenverkehr* zunehmend bedrängten Seevogelkolonien ein von Vogelwärtern bewachtes Refugium zu schaffen. Nach dieser Hallig nennt sich der heute noch bestehende, mit Schutzgebieten auch auf Sylt etablierte Seevogelschutzverein „Jordsand".

Kampen Der heute bekannteste Ort auf Sylt wurde erstmals im Jahr 1611 in einem Steuerregister erwähnt. Lange Zeit blieb Kampen ein kleines Dorf, das bis 1927 mit → *Braderup* und

→ *Wenningstedt* zur Verwaltungseinheit der → *Norddörfer* zusammengefasst war. Aber schon 1894 war Kampen – damals nur 22 Häuser zählend – in den Kreis der Seebäder getreten, als Hermann Gustav Haberhauffe nahe dem → *Roten Kliff* ein pompöses Kurhaus errichtete. Er erhielt allerdings keine Erlaubnis für entsprechende Einrichtungen am Strand, weil den benachbarten Bädern Wenningstedt und → *Westerland* keine Konkurrenz gemacht werden dürfe, wie es in einem Schreiben der Behörde hieß. Aber schon ab 1894 wurde Kampen als Seebad der Künstler bekannt. Es war Anna Haberhauffe, die Gattin des Kurhaus-Erbauers, die als ehemalige Schauspielerin einen Kreis von Freunden um sich versammelte. Wenig später etablierte sich dann auch der Herausgeber der Zeitschrift „Der Kunstwart", Ferdinand → *Avenarius*, in Kampen und zog in den Folgejahren viele Künstler hierher. Auf die Kunstproduzierenden folgten bald die Kunstkonsumierenden. Weder die in Westerland und Wenningstedt dominierende wilhelminisch-bürgerliche Badegesellschaft bestimmte das Kampener Publikum noch die → *Prominenz* des Geldes, sondern die des Geistes. Noch nach 1900 konnte Kampen darauf hinweisen, „dass auch Minderbegüterte eine billige und gute Unterkunft finden ..."

Aber bald begann auch hier die Bodenspekulation erste Blüten zu treiben. Nach dem Tod von Hermann Gustav Haberhauffe im April 1895 ging das Kurhaus in Konkurs und wurde 1899 zusammen mit den großen umliegenden Dünen- und Heideflächen vom Dresdner Bankhaus Gebrüder Arnhold gekauft. Und im Jahr 1906 entstand ein Bebauungsplan für die Nordwestheide, der aber erst 1911 im Prospekt publiziert wurde. Der Initiative Ferdinand Avenarius' ist es zu verdanken, dass der rigorose Plan, der eine stadtartige Verdichtung vorsah, nicht zur Ausführung kam. Im Jahr 1913 erließ die Gemeindevertretung ein Ortsstatut

Oben: Kampen. Aus den wenigen Häusern um 1900 entwickelte sich der heute bekannteste Ort auf Sylt. Zahlreiche Prominenz war und ist hier zu Gast oder hat sich ein Haus gebaut. Die Immobilienpreise sind mittlerweile astronomisch!

Haus „Kliffende" in Kampen – frühere Nobelherberge und Treffpunkt von Künstlern – geriet in den 1970er Jahren immer näher an die Kliffkante, sodass der Besitzer für einen speziellen Küstenschutz sorgen musste.

mit strengen Bestimmungen hinsichtlich der Baustile und Baustoffe zukünftiger Bauvorhaben im Ortsbereich.

Inzwischen – Kampen war 1927 eine selbstständige Gemeinde geworden – setzte Knud → *Ahlborn* als Vertreter des Vereins Naturschutz Sylt die Bemühungen um den Schutz der Nordheide fort. Da kam 1934 entscheidende Hilfe von ganz neuer Seite. Der preußische Ministerpräsident des „Dritten Reichs", Hermann Göring, seit 1934 als Reichsforstmeister auch für den Naturschutz zuständig, hatte Sylt als Feriendomizil entdeckt und sorgte dafür, dass die Nordheide von der Bebauung verschont blieb und in ihrer Ursprünglichkeit weitgehend bewahrt werden konnte. Nur zwei Gebäude waren inzwischen am Strand errichtet worden, die → *„Sturmhaube"* und das Haus „Kliffende", 1923 vom Verleger und Buchhändler Heinrich Tiedemann erbaut. Seine Frau Klara machte „Kliffende" in den 1920er und 1930er Jahren zum Künstlertreffpunkt. Nach dem Zweiten Weltkrieg wurden zwischen Westen und Nordwesten sowie Nordosten und Südosten → *Heiden* und Geesthöhen bebaut. Die Bebauungsfläche des Ortes wurde von 30 Hektar im Jahr 1930 bis heute auf knapp 160 verfünffacht. Rund 250 Häuser stehen hier nun anstatt der damaligen 70. Nicht weniger bedenklich ist auch, dass rund 650 Kampener Einwohnern fast 1150 Zweitwohnungsinhaber gegenüberstehen. Kampen ist heute das teuerste Pflaster der Bundesrepublik, für einheimische Sylter längst nicht mehr bezahlbar. Geblieben sind aber der freie Blick über die Nordheide, die Lage zwischen dem → *Roten Kliff* und dem → *Watt*, zwischen Leuchtturm und → *Uwe-Düne* sowie die ganz überwiegend inselgerechte Architektur, die Kampen seine besondere Note verleiht.

Katholische Kirchen Im Zusammenhang mit dem → *Fremdenverkehr* stellte sich in → *Westerland* bald auch die Frage nach einer Betreuung katholischer Kurgäste. Zunächst fanden Gottesdienste in Privathäusern, dann im Speisesaal der „Dünenhalle" statt. Bald aber sammelten katholische Kurgäste 2000 Goldmark und gaben damit den Anstoß zu einem eigenen Kapellenbau. Nachdem die Gemeinde Westerland eine Summe von 23 000 Mark zur Verfügung gestellt hatte, konnte am 7. Juli 1896 durch Pfarrer Jacob Spee die Kapelle im neugotischen Stil an der Neuen Straße eingeweiht werden.

Rund 60 Jahre diente sie der katholischen Strandgemeinde, ehe Einwanderung und zunehmende Gästescharen nach dem Zweiten Weltkrieg einen Neubau notwendig machten. Die geräumige St.-Christophorus-Kirche wurde nach einem Entwurf von Baurat Gehring 1957 gegenüber dem Heimatlosenfriedhof an der Ecke Elisabeth-/Käpt'n-Christiansen-Straße erbaut. Das Gebäude erwies sich in der Folgezeit jedoch als derart reparaturanfällig, dass ein Abbruch und ein grundlegender Neubau in den Jahren 1998/99 nötig wurden. Zur katholischen Gemeinde gehört als „Außenstation" auch die 1988 errichtete St.-Raphaels-Kirche in → List. Hingegen sind die St.-Josephs-Kirche in → Hörnum und die Stella-Maris-Kapelle in → Rantum aufgegeben worden.

Kegelrobben Südlich von Sylt, auf Hörnumknob und auf Jungnamensand, befinden sich die einzigen Kolonien dieser großen Robbenart an deutschen Küsten. Ende der 1950er Jahre wanderten diese Tiere, vermutlich von britischen Küsten stammend, ein. Sie bringen auf den genannten Sänden auch ihre Jungen zur Welt. Bemerkenswerterweise werden diese nicht, wie bei den anderen Säugetieren unserer Breiten, im Frühjahr, sondern zwischen November und Januar geboren. Die jungen Kegelrobben tragen zunächst noch ein gelbweißes Lanugofell und sind gegen längeren Aufenthalt im Wasser kälteempfindlich bis zum Unterkühlungstod. Deshalb kommen die Jungen

Oben: Junge Kegelrobbe im November/Dezember am Sylter Strand. Ganz ungewöhnlich für ein Säugetier im Norden sind die Geburten mitten im Winter. Nach Sturmfluten kommen die Jungtiere an Land und haben vor Menschen keine Scheu.

Friesenhaus in Keitum mit dem seit dem 18./19. Jahrhundert typischen Spitzgiebel. Bei Feuer schützte er vor herunterfallenden brennenden Reetgarben und gewährleistete den sicheren Fluchtweg durch die Haustür.

nicht selten bei hohen Wasserständen und andauernder Überflutung der genannten Sände an den Sylter Strand, in der Regel in Begleitung der Mütter, die ihre Jungen weiterhin betreuen. Aber schon nach etwa vierwöchiger Säugezeit werden die Jugnen verlassen, sie zehren zunächst vom „angetrunkenen" Fett (Robbenmilch hat einen Fettgehalt von fast 50 Prozent), verlieren ihr Lanugofell und verschwinden als selbstständige Jungtiere in der → *Nordsee*. Kegelrobben- und Seehundskolonien können von Sylt aus mit Ausflugschiffen besucht werden, seit Jahren hält sich auch eine von einem Fischer gezähmte Kegelrobbe im Hörnumer Hafenbecken auf und lässt sich gerne mit frischen Fischen füttern.

Keitum Erst 1440 wird Keitum urkundlich in Steuerlisten erwähnt, aber die um 1200 erbaute St.-Severin-Kirche beweist einen viel älteren Ursprung des Dorfs am Ostufer von Sylt. Und obwohl sich die → *Landvogtei* in → *Tinnum* befand, war Keitum immer der bedeutendste Ort auf Sylt mit entsprechenden kommunalen Einrichtungen und Wirtschaftsunternehmungen, die von Kapitänen initiiert wurden. Dazu gehörte 1828 die Gründung einer Aktiengesellschaft, die Heringsfänger in das Eismeer bei Island sandte, sowie die Anlage eines → *Hafens* im Jahr 1821. Die Heringsfischerei musste nach zwei Jahren mangels Rendite wieder aufgegeben werden, während der Hafen immerhin rund 40 Jahre Bestand hatte, ehe er verschlickte. Das Packhaus erinnert noch an diese Hafenzeit von Keitum.

Bekannt wurde Keitum als Geburtsort Uwe Jens → *Lornsens* (1793–1838) und als politisches Zentrum in der Zeit der Schleswig-Holsteinischen Erhebung (1848–1853) sowie im Krieg zwischen Dänemark und Preußen-Österreich im Jahr 1864. Ab 1872 war Keitum Verwaltungsort der Landschaft Sylt und Sitz der Amtsverwaltung, von 1970 bis

Auf hohen Dünen am Hörnumer Strand – die Kersig-Siedlung in traumhafter Lage, aber viel zu nah am Meer, sodass schon Millionen für Küstenschutzmaßnahmen aufgewendet werden mussten.

2008 auch Zentralort der Großgemeinde → *Sylt-Ost* mit insgesamt knapp 5700 Einwohnern in vier Dörfern. Mit seinen beiden Museen, dem → *Altfriesischen Haus* und dem → *Heimatmuseum*, ist Keitum auch kultureller Mittelpunkt der Insel. Mit seinen zahlreichen, größtenteils aus dem 18. Jahrhundert stammenden → *Friesenhäusern* bietet Keitum im historischen Ortsbereich ein noch weitgehend unverfälschtes Bild inselgerechter Architektur. Eine besondere Atmosphäre vermittelten auch die Ulmenalleen und Ulmengärten. Wie andere Sylter Dörfer war auch Keitum noch bis weit ins 19. Jahrhundert hinein ein weitgehend baumloser Ort, ehe dann in der zweiten Jahrhunderthälfte Ulmen gepflanzt wurden, die von allen Laubbäumen am besten den Wind vertragen. Leider wurden in den 1990er Jahren auch die Keitumer Ulmen vom Ulmensplintkäfer und einem nachfolgenden Pilz befallen, sodass in kurzer Zeit die meisten Ulmen abstarben und durch Kastanien, Stieleichen und Kaiserlinden ersetzt werden mussten. Auch in Keitum dominiert ungeachtet der dörflichen Idylle der → *Fremdenverkehr*, durch entsprechende Bau- und Umbautätigkeit verstärkt seit den 1970/60er Jahren. Bei 2000 Einwohnern zählt der Ort gegenwärtig rund 2000 Fremdenbetten. Sichtbarster Ausdruck des Fremdenverkehrs wurde das 1969 eingerichtete Schwimmbad am Keitumer Kliff, das gegenwärtig aber nicht mehr besteht.

Kersig-Siedlung Sommerhaussiedlung in den → *Dünen* strandwärts von → *Hörnum*, in den Jahren um 1960 vom Kieler Unternehmer Kersig erbaut. Vergeblich warnten seinerzeit Küstenschutzfachleute vor einer Bebauung so nahe an einer von ständigen Substanzverlusten gekennzeichneten Küste – und sollten Recht behalten. Dem privaten Profit der Bebauung folgten die Kosten des → *Küstenschutzes* für den Steuerzahler. Schon 1962 verschwand die hohe Stranddüne in den Wellen der Orkanflut vom 16. auf den

17. Februar, und einige Häuser standen plötzlich am Meer. Umfangreiche Schutzarbeiten wurden notwendig, zunächst durch Bepflanzung der Düneneinbrüche, dann 1967 durch den Bau eines 700 Meter langen Tetrapodenwerks am Dünenfuß und einer 300 Meter langen Querbuhne hinaus in die See. Dieser Millionenaufwand soll nicht zuletzt dadurch zustande gekommen sein, dass zu den Bewohnern der Kersig-Siedlung auch ein Bundesminister gehörte. Schwerer aber wog, dass die aufwendige Maßnahme nicht nur vergeblich, sondern geradezu kontraproduktiv war. Durch Strömungswirbel und Erosion vervielfältigte sich nun der Abtrag des Strandes und der Dünen vor der Siedlung, die sich bis heute nur durch wiederkehrende → *Sandvorspülungen* – auf Staatskosten – vor dem Untergang bewahren ließ.

Kirchen Im Gefolge der Christianisierung, die für die nordfriesischen Inseln in die Zeit um 1100 datiert wird, entstanden auf Sylt sechs Kirchen bzw. Kapellen: → *St. Martin* zu → *Morsum*, → *St. Severin* zu → *Keitum*, → *St. Nicolai* zu → *Eidum*, St. Peter zu → *Rantum* mit Marienkapelle sowie St. Jürgen zu → *List*. Von diesen Kirchen sind heute noch zwei vorhanden, nämlich jene zu Morsum und Keitum. Die anderen sind vergangen, verschwunden im Meer oder unter mächtigen → *Wanderdünen* begraben. Ob weitere Kapellen vorhanden waren, ist ungewiss. Jedenfalls darf man nicht der rekonstruierten Karte für die Zeit um 1240 von Johannes Mejer trauen. Hier handelt es sich um Fantasiegebilde mit willkürlich erdachten und platzierten Orts- und Kirchennamen.

Sehr früh, schon im 13. oder 14. Jahrhundert, soll die Kirche St. Jürgen zu List mitsamt dem Ort durch → *Sturmfluten* verwüstet worden sein. St. Peter bei Rantum, auch „Westerseekirche" genannt, weil sie nahe dem Ufer stand und die → *Nordsee* früher Westsee hieß, wurde ebenfalls frühzeitig ein Opfer des Meeres. Auf sie bezieht sich die Chronik des → *Hans von Kiel* (Kielholt). Die Kapelle St. Marien stand nahe der Rantumer Ratsburg und versandete mitsamt der Burg so früh, dass keinerlei Nachrichten mehr vorhanden sind. Nur der Name Burgtal südwestlich von Rantum erinnert noch an die Stätte. Später erbaute Rantumer Kirchen erlitten ein ähnliches Schicksal. Sie mussten mehrfach vor den heranrückenden → *Dünen* abgebrochen und nach Osten versetzt werden, zuletzt noch 1757. Aber auch diese letzte der Alt-Rantumer Kirchen mit dem Patronat St. Peter geriet unter Dünensand und wurde im Jahr 1801 zum Abbruch verkauft.

Kirchen für Inselgäste Einige Sylter Kirchen und Kapellen wurden erst im 20. Jahrhundert gebaut und stehen mehr oder weniger im Zusammenhang mit dem → *Fremdenverkehr* und der dadurch vermehrten Nachfrage nach Gottesdiensten. → *Westerland* konnte schon um 1900 den Andrang in der „Dorfkirche" St. Niels (→ *St.-Nicolai-Kirche*) nicht bewältigen. Aber auch die Tatsache, dass für die katholischen Gäste eine Kapelle errichtet worden war, verstärkte die Bestrebungen für eine Großkirche in Westerland. Initiator war Pastor Gleiß. Ab 1897 wurden jährlich 2500 Mark von der Badeverwaltung in einen Kirchenbaufonds überwiesen und am 19. Juli 1906 konnte der Grundstein zur neuen St.-Nicolai-Kirche gelegt werden. Den Entwurf lieferte Oberbaurat Hasfeld, während die Bauleitung in Händen des Architekten Bomhoff lag. Am 10. Juni 1908 wurde die Großkirche eingeweiht. Ungeachtet der umliegenden, oft mehrgeschossigen Hotelbauten bestimmte die St.-Nicolai-Kirche über ein halbes Jahrhundert die Silhouette des Badeorts Westerland, bis sie in den Schatten der Hochbauten des neuen Kurzentrums geriet. Nachdem die Alt-Lister Kirche St. Jürgen im Dunkel der Geschichte versunken war, wurde sie 1935 im Zusammenhang mit der umfangreichen Besiedlung durch das Militär neu errichtet. Kennzeichnend ist der kompakte Bau mit dem gedrungenen Turm. Bevor die Kirchengemeinde → *List* 1949 selbstständig wurde, wurde die St.-Jürgen-Kirche von der Keitumer → *St.-Severin-Kirche* betreut.

Auch die St.-Peter-Kirche von → *Rantum* ist nach dem Untergang mehrerer Vorgänger wieder auferstanden. Nach einem Entwurf von Heinrich Bartzen wurde sie 1964 errichtet und passt sich mit Giebelformen und Reetdach großartig dem Auf und Ab der umliegenden → *Dünen* an. Durch die großen, vorwiegend mit rotem Glas von Wolf Dieter Kohler gestalteten Scheiben der bis auf den Boden reichenden Giebelfenster strömt ein rötlich warmes Licht in den Innenraum und vermittelt eine fast ergreifende Atmosphäre. In die Predella des von Prof. Emil Wachter 1997 neu gestalteten Altaraufsatzes ist das naive Abendmahlsbild aus der letzten, unter Dünen begrabenen Alt-Rantumer Kirche integriert und vermittelt die Beziehung zur Vergangenheit. Rantum und Hörnum bilden seit 1948 eine Kirchengemeinde, und auch auf der Sylter Südspitze stellte sich infolge des Bevölkerungszustroms durch Militär, Flüchtlinge und Fremdenverkehr die Frage nach einem neuen Kirchenbau, nachdem Gottesdienste zunächst in Baracken veranstaltet worden waren.

1970 konnte die weiß leuchtende St.-Thomas-Kirche auf hoher Düne nach einem Entwurf der Architekten Christiansen und Friis geweiht werden. Die eigenwillige Architektur erinnert an Hörnum-Motive wie aufsteilende Dünen sowie Wracks gestrandeter und zerbrochener Schiffe. Älteren Datums ist hingegen die in → *Wenningstedt* in der Nähe des → *Denghoogs* liegende, 1914 errichtete Friesenkapelle. Der trutzige Turm ist gegen den Westwind gebaut, ebenso das weit heruntergezogene, an → *Friesenhäuser* erinnernde Dach. Bemerkenswert ist die nach friesischem Vorbild gekachelte Altarwand mit einem Kreuz aus Kacheln mit Bloompoetje-Motiven und der Inschrift des sylterfriesischen „Vater unser" rund um den Deckenansatz.

Klappholttal Die Bezeichnung dieses Dünen- und Heidetals nahe der Kampener → *Vogelkoje* lässt vermuten, dass ein → *Strandungsfall* Namensgeber war. Es heißt aber auch, dass die dortigen Krüppel-(Krummholz-)Kiefern dem Tal seinen Namen gaben. Bekannt ist das Klappholttal für hier stattfindende Jugendarbeit und Erwachsenenbildung. Aus Barackenlagern für Truppen des Ersten Weltkriegs entstand die heutige Anlage durch die Initiative von Knud → *Ahlborn*, der das Anwesen 1919 erwarb und zu einem Zentrum der „Freideutschen Jugend" machte. Für Erwachsene veranstaltete er volkshochschulähnliche Kurse („Akademie am Meer"). Den unkonventionellen Auffassungen des Gründers entsprechend, gehörte zum Betrieb auch der „Lichtsport", die Freikörperkultur (→ *FKK*), die damals für einige Aufregung auf Sylt sorgte, zu mancherlei Gerüchten Anlass gab und dem abgelegenen Klappholttal – erreichbar nur mit der → *Inselbahn* – ein besonderes Image verlieh. Im Laufe der Zeit haben die Bestimmungen der Anlage gewechselt. Lange Zeit Kindererholungsheim, ist das Nordseeheim Klappholttal gegenwärtig ein Mutter-und-Kind-Kurheim mit → *Schullandheim* und Heimvolkshochschule.

Kliffende → *Kampen*

Königshafen Der Naturhafen zwischen → *List* und → *Ellenbogen* erhielt seinen Namen nach einer Seeschlacht zwischen einer schwedisch-holländischen und einer dänischen Flotte, Letztere unter Führung des Königs Christian IV. höchstselbst, am 16. Mai 1644. Dabei wurde der König verwundet, und die Dänen verloren den Mut. Ein Matrose aber rief: „Der König ist auch nur ein Mann!", und mit neuem Kampfgeist konnten die Feinde in die Flucht geschlagen werden.

Der Königshafen mit Blick auf die
Sandinsel Uthörn (oben links), ein
Vogelschutzgebiet. Der Königshafen
ist ein Naturhafen, gelegen zwischen
List und dem Ellenbogen, darin die
Sandinsel Uthörn, deren Brutvögel –
bedingt – gegen Füchse geschützt
sind.

Zu den seltenen Brutvögeln auf
Uthörn gehört der Sandregenpfeifer –
ein im Gelände fast unsichtbarer,
amselgroßer Vogel, der sich am ehes-
ten durch seinen Ruf, ein wehmütiges
„Büüip", bemerkbar macht.

Im nordwestlichen Bereich ist seit etlichen Jahren ein Verwandlungsprozess registrierbar. Hier haben sich ausgedehnte Salzwiesen gebildet. Die Sandinsel → *Uthörn* im Königshafen ist ein bewachtes Seevogelschutzgebiet.

Kriegsereignisse Keine andere deutsche Nordseeinsel hat im 20. Jahrhundert so viel durch das Militär erlitten wie Sylt. Noch heute sind in Dörfern und in → *Westerland*, in den → *Dünen* und am Strand die Relikte militärischer Einrichtungen zu sehen. Schon im Zusammenhang mit dem Ersten Weltkrieg wurde Sylt in die Planungen der Kaiserlichen Marine einbezogen, wobei man auch den Bau eines Eisenbahndamms zwecks schnellen Transports militärischer Geräte und Truppen erwog. Heereseinheiten und Inselwachten, Letztere meist aus Einheimischen bestehend, wurden in → *List*, → *Hörnum* und Westerland stationiert. Für die Unterbringung der Soldaten entstanden Baracken, die einen Anschluss an die → *Inselbahn* besaßen.

Schwere Batterien und andere militärische Einrichtungen wurden an der Küste aufgestellt, um die Briten von einer Invasion abzuhalten. In List wurde eine Marineflugstation mit mächtigen Flugzeughallen, Ablaufbahnen für Wasserflugzeuge und Kasernen aufgebaut. Verhängnisvoll wirkte sich dann nach Kriegsende aus, dass etliche der Militärlager nicht abgebrochen, sondern als Jugendheim eingerichtet wurden (→ *Klappholttal*, → *Kampen*, → *Vogelkojen*, → *Puan Klent*) und damit die Zersiedlung der urtümlichen Sylter Dünenlandschaft begann. Noch umfangreicher aber waren die militärischen Eingriffe in der Zeit des „Dritten Reichs". Im stillen, abseits gelegenen Hörnum wurde ein Fliegerhorst für Wasserflugzeuge eingerichtet, mit einem mächtigen Flugzeugkran, Flugzeughallen, Werkstätten, architektonisch uniformen Häuserreihen sowie einem umfangreichen Kasernenkomplex für das Personal. Auf den Dünen standen Flakbatterien und mächtige Bunker.

Ein Fliegerhorst mit Kasernen wurde auch bei → *Rantum* angelegt. Aber hier musste zunächst eine Start- und Landemöglichkeit für Wasserflugzeuge geschaffen werden, was durch den Bau des Rantum-Beckens mit entsprechendem Wasseraufstau geschah. Der 5,2 Kilometer lange Deich wurde 1936 fertiggestellt, doch das Becken erfüllte den ihm zugedachten Zweck dann doch nicht.

Die Marineflugstation in List hatte, zunächst in eine „zivile" Anlage umgewandelt, die Niederlage des Ersten Weltkriegs überdauert und wurde nun als Seefliegerhorst umfangreich ausgebaut. Große Hallen, ein Flugzeugkran, Reihen uniformer Häuser am Dünenrand und in benachbarten Dünentälern, ein Kasernenkomplex → *Möwenberg* und eine Betonstraße durch das Listland bis zum → *Ellenbogen* beeinträchtigten den bis dahin einsamen nördlichen Inselteil erheblich.

Noch mehr Platz beanspruchte aber der Ausbau des zunächst kleinen Westerländer Flugplatzes am Friedrichshain zu einem mit entsprechenden Einrichtungen und Landebahnen versehenen Militärflugplatz, der sich zwischen Westerland, → *Keitum* und → *Munkmarsch* über Quadratkilometer erstreckte und die ganze Inselmitte in Anspruch nahm. Bei den Einplanierungsarbeiten wurden auch eindrucksvolle Denkmäler der Sylter Vor- und Frühgeschichte vernichtet, so die bronzezeitlichen Grabhügel der Thinghooger und die nach Keitum verlegte Steinzeitkammer Harhoog. Tausende von Soldaten der Luftwaffe und Marine bevölkerten Sylt, das während der Kriegsjahre Kurgästen nicht zugänglich war.

Wie schon der Erste Weltkrieg, so hinterließ auch das „Dritte Reich" nach Kriegsende verunstaltende Relikte auf Sylt. Die Häuser und Kasernen, die heute noch die Ortsbilder von List, Rantum und Hörnum prägen und beeinträchtigen, wurden zunächst mit Flüchtlingen, Vertriebenen

Oben: Wasserflugzeug am Haken eines Flugzeugkrans. Die Militäranlagen auf Hörnum bedingten im Zweiten Weltkrieg mehrfache Angriffe der Alliierten, die allerdings keine nennenswerten Schäden hinterließen.

Nach dem Ende des Zweiten Weltkriegs wurden die Militäranlagen auf Hörnum von den Briten gesprengt. Aber erst in den 1960er Jahren erfolgte durch eine Abteilung der Bundeswehr die vollständige Beseitigung.

und anderen Gestrandeten des verlorenen Krieges belegt, später unter anderem als Mietshäuser, → *Schullandheime* oder Jugendherbergen eingerichtet. Einige stehen bis heute – als Eigentum des Bundes – leer. Das Luftwaffenlazarett nördlich von Westerland wurde zur „Nordseeklinik" ausgebaut.

Demontiert wurden Hallen und Hebekräne der Fliegerhorste List und Hörnum. Aus dem Rantum-Becken ließ man das Wasser ab, sodass sich hier bald ein Vogelbrutgebiet entwickeln konnte, dessen Betreuung der Seevogelschutzverein → *Jordsand* übernahm – eine der wenigen positiven Kriegsfolgen. Die Geschützbunker in den Dünen und am Strand verschandelten noch einige Zeit die Landschaft, ehe sie von Pionieren der Bundeswehr gesprengt und „beerdigt" wurden, oder, wie am Westrand von Hörnum, durch Küstenabbruch auf den Strand fielen und dort noch heute eine bizarre Formation bilden. Der Flugplatz Westerland wurde von der britischen Militärregierung, später von der Bundeswehr teilweise weiter genutzt, aber auch für zivile Zwecke eingerichtet.

Küstenschutz Der Sylter Geestkern wird nicht erst in der Gegenwart, sondern schon seit Jahrtausenden vom ansteigenden Meeresspiegel angegriffen und abgebaut. Ebenso wirken → *Sturmfluten* auf den Inselkörper ein. An der Sylter Küste ist die Brandung wesentlich höher als bei anderen Nordseeinseln, weil das Ufer ohne vorgelagerte Sände schnell in die Tiefe abfällt.

In früheren Jahrhunderten waren Schutzmaßnahmen an der Westküste mangels technischer Mittel nicht möglich. Die Inselbewohner wichen deshalb mit ihren Dörfern vor dem heranrückenden Meer landeinwärts aus. Erst durch die Gründung des Badeorts → *Westerland* und den Bau von Hotels und Logierhäusern dicht am Strand stellte sich die Frage der Küstensicherung.

Oben: Frische Brise an der Strandpromenade von Westerland – ab 1907 als Uferschutzmauer erbaut. Wie jede Strandpromenade an Meeresküsten dient auch jene von Westerland in erster Linie dem Küstenschutz, erst in zweiter Linie dem Promenieren.

Tetrapoden vor Hörnum. Diese wie Panzerabwehrblöcke erscheinenden Betonvierfüßler haben sich beim Küstenschutz am Sylter Strand nicht bewährt und werden heute nicht mehr verwendet.

Nach dem Staatswechsel zu Preußen 1864 wurde der Küstenschutz durch staatliche Regularien und Maßnahmen, konzipiert von Graf Baudissin, in Angriff genommen. Ab 1867 entstanden erste Querbuhnen zwecks Sandfang und Strömungsabwehr. Bis Ende der 1920er Jahre waren 100 nummerierte Buhnen vor Westerland, Wenningstedt-Kampen und → *List* errichtet worden, zunächst aus Balkenreihen und Granitsteinen, später aus Stahlbetonpfählen und schließlich aufgrund einer Spende der Thyssenhütte aus Stahlspundwänden. Allen Buhnentypen war gemeinsam, dass sie Sand an der strömungszugewandten Luvseite sammelten und durch Strömungswirbel an der Leeseite wieder verloren, sodass sie ihre Funktion als Sandfänger kaum erfüllten. Auch ein ganz neuer Buhnentyp, die in der Zeit von 1957 bis 1967 vor Westerland gebauten vier Flachbuhnen (Flunderbuhnen) aus Basalt und Asphaltguss, verfehlte die gewünschte Wirkung.

Ebenso sinnlos, ja sogar mit gegenteiligem Effekt, war die Anlage eines 270 Meter langen Festwerks sowie einer Querbuhne aus Tetrapoden am Hörnumer Weststrand, nachdem im Gefolge einiger Sturmfluten die Küste der → *Kersig-Siedlung* bedenklich nahe gekommen war. Tetrapoden, vierarmige Betonwerke von jeweils 120 Zentner Gewicht, wurden Ende der 1960er Jahre mit Erfolg an französischen Atlantikküsten als Uferschutz eingesetzt. An der Sylter Sandküste jedoch war der steuerfinanzierte Millionenaufwand umsonst. Im Lee der Tetrapodenreihe verstärkte sich die Lee-Erosion, und der durchschnittliche Küstenverlust von jährlich einem Meter erhöhte sich auf über sechs Meter.

Den Inselbesuchern ist kaum bewusst, dass auch die Strandpromenade von Westerland ein Küstenschutzwerk ist, nach mehrmaliger Verlängerung inzwischen fast 600 Meter lang. Ein erstes Stück entstand 1907 durch die Initiative des Besitzers vom Hotel → *Miramar*, als die → *Nordsee* dem Gebäude bedrohlich nahe gekommen war, 1912 erfolgte die Erweiterung, als die Abbruchküste auch anderen Gebäuden immer näher kam.

An der Strandpromenade entfaltet sich die Sturmflutbrandung am eindrucksvollsten. Wenn Wellen gegen die Mauer branden, steigen haushohe Gischtwolken auf, und Salzwasser weht hinein bis in die Stadt. Entsprechend ihrer exponierten Aufgabe muss die Strandpromenade durch eine Tetrapodenreihe sowie durch mehrfache → *Sandvorspülungen* zusätzlich geschützt werden.

Seeseitige Schrägdeckwerke sind am → *Ellenbogen* zu sehen, wo sie jedoch nutzlos sind und sich im Verfall befinden. Ansonsten sind nur Teile der leeseitigen Ostküste mit Deckwerken versehen, so bei List, → *Keitum*, → *Hörnum* und in der → *Blidselbucht*. Hier an der Ostküste sind die Landverluste weniger dramatisch, machen sich aber doch über längere Zeiträume Schritt für Schritt bemerkbar (→ *Deiche*, → *Sandvorspülungen*).

Kurtaxe Dieser Schrecken der Kurgäste ist keine Erfindung jüngerer Zeit. Die Kurtaxe wurde zwecks Finanzierung und Unterhaltung der Badeeinrichtungen von der Ruhebank bis zum Rettungsschwimmer schon bald nach der Gründung des Badeorts → *Westerland* eingeführt, obwohl damals für Seebäder und die Benutzung der Badekabinen noch extra zu bezahlen war und Badewärter und -wärterinnen mit einem Trinkgeld bedacht werden mussten. Sogar für die Kurmusik mussten die in die Fänge der → *Friesen* geratenen Kurgäste zusätzlich bezahlen.

Kurtaxe wird unverändert in allen Inselorten von Gästen und Tagesbesuchern erhoben, doch sind Baden und Kurmusik darin eingeschlossen. Für die Unterhaltung des Kurbetriebs sind die Millioneneinnahmen aus der Kurtaxe unverzichtbar. Die Inselgemeinden könnten ohne die Einnahmen ihre Aufgaben im Bereich des → *Fremdenverkehrs* kaum erfüllen. Kurgäste sehen dies ganz anders. Sie weisen darauf hin, dass in anderen Ländern, zum Beispiel im benachbarten Dänemark, keine Kurtaxe zu zahlen ist und an den Badestränden dennoch alles seine Ordnung hat. Außerdem ist die Meinung weit verbreitet, dass die Insulaner mit dem Fremdenverkehr so viel Geld verdienen, dass die entstehenden Aufwendungen aus diesen Einnahmen bestritten werden müssten. Zur Kurtaxe gehört die Kurkarte, die jeder Kurgast artig bei sich hat. Ohne diese kommt er nicht an den Strand, es sei denn, er badet im November. Die Kurkarte des einen Inselorts wird in der Regel von den anderen Orten akzeptiert, → *Kampen* hat jedoch mehrfach seinen Strand exklusiv für eigene Gäste verteidigt.

Landgewinnung (Lahnungen) Sylt besitzt fast nur Abbruchküsten, sogar am leeseitigen Binnenufer. Aber es gibt auch einige wenige Punkte des → *Anwachsens*, so in der Keitumer Bucht zwischen → *Keitum* und → *Morsum* sowie am → *Deich* an der Südseite von → *Nösse* und am → *Hindenburgdamm*. Hier wurden Buhnen, zwei Pfahlreihen mit eingeflochtenem Buschwerk, vom Ufer aus in das → *Watt* hinein gebaut. Diese etwa einen Hektar großen Buhnenfelder, auch Lahnungen genannt, weisen zur See hinaus eine Öffnung auf, sodass die Flut hineinströmen kann. Jede Flut – außer bei Windstille – bringt aufgewirbelte Schlickpartikel und sonstige Sedimente mit. Die Buhnen beruhigen Strömungen und Wellenschlag, und ein Teil der Sedimente lagert sich ab. So wächst der Wattboden, im Abstand einiger Jahre unterstützt durch den Schlickaufwurf aus breiten Gräben (Grüppelarbeiten), heran und steigt schließlich über das mittlere Hochwasser. Salzpflanzen, → *Queller*, Schlickgras und Andel siedeln sich an, und aus Watt ist eine Salzwiese mit spezieller Fauna und Flora geworden.

Fast alle Köge und Polder an der Nordseeküste sind durch diese Landgewinnung entstanden. Weil der Staat mit seinen Küstenschutzämtern Landgewinnung und Vorlandpflege nur vor → *Deichen* zum Schutz von Deichfüßen betreibt, hat der Landschaftszweckverband Sylt in den letzten Jahrzehnten erhebliche Mittel für den Lahnungsbau aufgewendet, sieht sich gegenwärtig aber nicht nur mangels finanzieller Möglichkeiten in der Defensive, sondern auch weil Naturschützer die Vorlandgewinnung als Eingriff in die natürlichen Abläufe ablehnen.

Landvogtei → *Keitum* war in früheren Jahrhunderten der wichtigste Ort der Insel, aber die Landvogtei, das Verwaltungszentrum von Sylt, befand sich in → *Tinnum*. Das dortige ehemalige Vogteigebäude soll 1649 erbaut worden sein und wäre damit das älteste Haus der Insel. Die Landvogtei hat jedoch schon früher bestanden, da die Liste der Vögte bis ins Jahr 1547 zurückreicht. Landvögte kamen in der Regel aus der einheimischen Bevölkerung, wenn eine entsprechende Qualifikation vorhanden war. Ein Beispiel dafür ist die aus → *Rantum* stammende Familie Taken, die durch drei Generationen von 1635 bis 1711 die Landvögte stellte und großes Ansehen bei ihren Landsleuten genoss, weil die Vögte bei ihrer Amtsführung eher auf die Lebensnöte der Inselbewohner als auf die Vorteile der Obrigkeit achteten.

Der bekannteste Landvogt war jedoch Uwe Jens → *Lornsen*, der 1830 sein Amt antrat, als „Aufrührer" aber umgehend wieder entlassen und verhaftet wurde. Erst nach dem Staatswechsel von Dänemark zu Preußen 1864 änderten sich die Verwaltungsverhältnisse auch auf Sylt. Das Amt des Landvogts wurde 1872 abgelöst durch den Amtsvorsteher der Landschaft Sylt, nun auch unter Einschluss der vorherigen dänischen Enklave → *List*. Zugleich wurde der Verwaltungssitz nach Keitum verlegt. Nur der Name des

Das Haus der Landvogtei in Tinnum stammt aus der Mitte des 17. Jahrhunderts und ist damit eines der ältesten Häuser auf Sylt. Hier amtierten Generationen von Landvögten, bis 1872 die Verwaltung der Landschaft Sylt nach Keitum verlegt und der Landvogt durch einen preußischen Amtsvorsteher abgelöst wurde.

Hauses „Alte Landvogtei" erinnert noch an die Jahrhunderte der weitgehenden Selbstverwaltung und Selbstständigkeit der Sylter.

Landwirtschaft Für die inselgermanische Bevölkerung in vor- und frühgeschichtlicher Zeit und für die im 8./9. Jahrhundert in die → *Uthlande* eingewanderten → *Friesen* bildete die Landwirtschaft die Lebensgrundlage. Als in der Zeit vom 16. bis zum 18. Jahrhundert Walfang und Seefahrt zu den wichtigsten Erwerbszweigen wurden, spielte die Landwirtschaft nur eine Nebenrolle für die Selbstversorgung und wurde fast ausschließlich von den Frauen betrieben, weil die arbeitsfähigen Männer zur See fuhren. Erst nach 1800, als die Seefahrt durch die napoleonischen Kriegswirren für Jahrzehnte lahmgelegt wurde, nahm die Bedeutung der Landwirtschaft wieder zu. Eine gute Grundlage dafür war schon 1778 durch die Landesherrschaft geschaffen worden. In diesem Jahr wurde die altgermanische Feldgemeinschaft aufgehoben, die die Inselbewohner genötigt hatte, auf wechselnd zugewiesenen Ländereien gemeinsame Landwirtschaft zu betreiben, mit dem Ergebnis sehr dürftiger Erträge. Das änderte sich nun, und Mitte des 19. Jahrhunderts wurden beispielsweise 40 Tonnen Weizen, 2900 Tonnen Roggen, fast 6000 Tonnen Gerste und 1660 Tonnen Hafer sowie größere Mengen Buchweizen und Erbsen geerntet. Auch die Kartoffel war schon seit einiger Zeit bekannt. Eine Viehzählung im Jahr 1867 ergab 260 Pferde, knapp 1300 Rinder und über 7000 → *Schafe*. Letztere lieferten 20 000 Pfund Wolle, die von Sylter Frauen zu Socken, Strümpfen und Jacken verarbeitet und vor allem nach Hamburg und Altona verkauft wurde. Im 20. Jahrhundert verlor die Sylter Landwirtschaft zugunsten des → *Fremdenverkehrs* ihren einstigen Stellenwert. Wohl lebte sie im Gefolge der beiden Weltkriege in Form der Nebenerwerbslandwirtschaft für die Grundversorgung auf dem breit verstreuten Grundbesitz wieder auf, doch insbesondere seit den 1950er Jahren wurde es lukrativer, Scheunen und Ställe mit Ferienwohnungen zu versehen. Die Kleinlandwirte verschwanden – bis auf die heutige Hobbytierhaltung –, und die Landwirtschaft konzentrierte sich auf immer weniger werdende Großbetriebe. Am Ende des 20. Jahrhunderts wurden nur noch zwölf Vollerwerbslandwirte – vor allem im Bereich von → *Morsum* und → *Archsum* – sowie sechs Nebenerwerbslandwirte gezählt. Ein Betrieb bestellt eine Fläche von etwa 130 Hektar mit Getreide, während die anderen daneben auch Kartoffeln anbauen, die direkt auf Sylt vermarktet werden, sowie Schlacht- und Milchvieh halten. Die Meierei → *Tinnum* ist schon lange geschlossen. Seit dem Jahr 2000 sammelt auch kein Milchwagen mehr die Milch für den Transport zum Festland. Der letzte Milchbetrieb auf Sylt in Morsum mit etwa 40 Milchkühen betreibt eine eigene Meierei und vermarktet die „Sylter Vollmilch" direkt auf der Insel. Von den ehemals fünf Aussiedlungsbetrieben sind nur noch zwei in Betrieb, die übrigen haben eine Existenzgrundlage im Fremdenverkehr gefunden. Aber auch alle übrig gebliebenen Betriebe können nur noch existieren, weil sie Zimmer an Kurgäste vermieten.

Lassen Die Geschichte der Seefahrerfamilie beginnt im Jahr 1809, als in der Zeit der napoleonischen Kriegswirren und der Kontinentalsperre der dänische Logger „Helsingöre" durch Beschuss britischer Kriegsschiffe bei → *Rantum* auf den Strand gejagt wurde und sich die Besatzung an Land rettete. Ein Besatzungsmitglied, der Prisenmeister Peter Nicolai Lassen aus Norwegen, fand in Rantum eine Braut, Merret, Peter Clasens Tochter, und hatte mir ihr nicht weniger als 21 Kinder, von denen alle Söhne zur See gingen, von denen wiederum nicht weniger als neun Kapitäne, zwei davon später sogar wohlhabende Reeder in

Hamburg wurden. Auch in den nachfolgenden Generationen schrieben sich bis Mitte des 20. Jahrhunderts Kapitäne der Lassen-Familie als Führer Hamburger Schiffe ein.

„Leewer duad üs slaaw" (Lieber tot als Sklave) Dieser Wappen- und Kernspruch der Nordfriesen soll sich auf die Teilnahme der damals in Holland ansässigen → *Friesen* an den Feldzügen von Karl dem Großen beziehen, der angeblich auch die Privilegien der legendären friesischen Freiheiten versprochen hat.

Aber erst anlässlich des „Nordfriesischen Volksfestes" 1844 in Bredstedt wurde dieser Spruch durch den Historiker Knud Jungbohn Clement wieder aktiviert. Er sollte das Bewusstsein eines eigenständigen Friesenvolkes stützen, wurde dann aber ein Schlagwort in der Auseinandersetzung zwischen dänisch und deutsch, die in den Krieg von 1864 mündete und schließlich zur Herauslösung der reichsdänischen Enklaven Listland-Sylt und Westerlandföhr-Amrum sowie der Herzogtümer Schleswig, Holstein und Lauenburg aus dem dänischen Gesamtstaat führte. Bekannt wurde das Schlagwort „Leewer duad üs slaaw" dann vor allem durch den Dichter Detlev von Liliencron und dessen dramatische Ballade über → *Pidder Lyng*.

Leuchtfeuer In alten Zeiten sollen die Inselbewohner auf Stranddünen in Sturmnächten Feuer angezündet haben, um Schiffe in die Inselbrandung zu locken. Und tatsächlich bezieht sich ein Strandgesetz des Jahres 1705, erlassen vom dänischen König Friedrich IV., auf solche „falschen Feuerzeichen" und bedroht diesen Frevel mit der Todesstrafe.

Erst um die Mitte des 19. Jahrhunderts entschloss sich die dänische Regierung zum Bau von Leuchttürmen zur Sicherung der Seefahrt vor der Inselküste. Der Leuchtturm bei den bronzezeitlichen Brönshoogern bei → *Kampen* zeigte am 1. März 1856 zum ersten Mal sein Licht. Der „Leuchtapparat" war 1852 auf der Weltausstellung in Paris

Ostfeuer am Ellenbogen. Zwei Leuchtfeuer zieren den lang hingestreckten Ellenbogen und sichern die Einfahrt über das Lister Tief nach List und Rømø.

Oben: Der schwarz-weiße Leuchtturm von Kampen – inmitten von bronzezeitlichen Hügelgräbern – ist das älteste Leuchtfeuer auf den Nordfriesischen Inseln, schon in dänischer Zeit, 1856, erbaut.

Leuchtturm Hörnum. Der Seebäderverkehr von Hamburg nach Hörnum ab 1901 veranlasste den Staat, zur Sicherung des Seeweges in der Düneneinsamkeit der Sylter Südspitze einen Leuchtturm zu bauen.

gezeigt und von der dänischen Regierung für 40 000 Taler gekauft worden. Auf 24 Meter hoher Inselgeest erbaut, erreichte der 38 Meter hohe Turm eine Gesamthöhe von 62 Metern über Mittelhochwasser. Drei Leuchtturmwärter waren anfangs nötig, um die Rübölflamme und das Uhrwerk für die Drehung des Lichtkorbs mit seiner Kennung zu betreuen. Erst 1929 wurde das Licht elektrisch. Die besondere Attraktion des Leuchtturms „Rotes Kliff" war die Öffnung für Insulaner und Kurgäste, die in den Anfangsjahrzehnten den Turm besteigen durften. Dafür war eigens der Rundbalkon eingerichtet worden. Zunächst war der Leuchtturm dunkelgrau. Erst 1953 erhielt der aus Bornholmer Klinkern gemauerte Turm seine heutige Tageskennung: weiß gestrichen mit schwarzer Bauchbinde. Wenige Jahre nach dem Bau des Leuchtturms „Rotes Kliff" wurden zwecks Sicherung der Einfahrt in die Lister Tiefe auch auf dem → *Ellenbogen* zwei Leuchtfeuer errichtet. Am 1. Januar 1858 wurden beide zugleich gezündet. Das Westfeuer zeigte sein Licht in 9,4 Meter Höhe über dem Dünengrund, das Ostfeuer in einer Höhe von 12,5 Metern. Beide Türme waren aus Eisen.

Zu den Eigentümlichkeiten der Ellenbogenfeuer gehörte das einsame Leben der dortigen Leuchtturmwärter, fernab vom Getümmel der Welt, umgeben von Tausenden von Seevögeln, die damals noch auf dem Ellenbogen nisteten und deren Gelege die Leuchtturmwärter als Nahrung nutzten. Erst 1906 entstand am anderen Ende von Sylt, auf → *Hörnum*, ein Leuchtturm. Die Initiative ging von der → *HAPAG* aus, nachdem die großen Bäderdampfer von Hamburg hier anlandeten und die Kurgäste mit einer Bahn weiter nach → *Westerland* befördert wurden. Auf einer knapp 15 Meter hohen → *Düne* wurde ein massives Erdgeschoss errichtet, auf dem sich acht Geschosse aus gusseisernen Plattenringen erhoben. Die Laterne lieferte die Firma Pintsch aus Berlin. Etwa 40 000 Mark kostete dieser knapp 33,5 Meter hohe Turm. Hinzu kamen die Kosten für den Bau des Leuchtfeuerwärterhauses am Fuß der → *Düne*. Gleichzeitig wurden auf der → *Hörnum-Odde* ein Unterfeuer und ein Quermarkenfeuer angelegt. Das Hörnumer Hauptfeuer diente aber nicht nur der Sicherung der → *Seefahrt*, sondern enthielt bis 1930 in einem Obergeschoss auch einen Schulraum für die zunächst noch wenigen Kinder des jungen Ortes Hörnum. Im Gegensatz zu den älteren Sylter Leuchtfeuern erhielt der Hörnumer Turm gleich ein elektrisches Bogenlicht, versorgt von zwei MAN-Dieselmotoren. Ein weiterer „richtiger" Leuchtturm steht noch immer nahe Kliffende am Kampener Strand, ist jedoch schon seit 1976 außer Betrieb. Das 1912 errichtete Quermarkenfeuer ist ein 11,5 Meter hoher achteckiger Klinkerbau, der auf einer zwölf Meter hohen Düne thront. Weil Veränderungen des Fahrwassers den Leuchtturm überflüssig gemacht hatten, sollte er abgebrochen werden. Dies verhinderten jedoch die Gemeinde Kampen sowie Geldgeber, die eine Renovierung des als Wahrzeichen empfundenen Turms ermöglichten. Neben diesen Leuchttürmen wurde schon 1877 die Hafenzufahrt nach → *Munkmarsch* von Hafenfeuern markiert, später ebenso die Einfahrten in den Lister und Hörnumer → *Hafen*. Das Quermarkenfeuer auf der Hörnum-Odde fiel 1979 den Landverlusten zum Opfer und stürzte bei einer → *Sturmflut* auf den Strand. Sein Nachfolger, ein nüchternes Eisenrohr mit Lampe, steht zwar noch, hat aber auch seine Funktion infolge von Fahrwasserveränderungen verloren. Verschwunden sind auch die Leuchtturmwärter. Sie wurden entbehrlich, als am 1. November 1978 die Leuchtfeuer auf automatischen Betrieb umgestellt und zentral vom für das Seezeichenwesen zuständigen Wasser- und Schifffahrtsamt in Tönning geschaltet wurden.

List Nach dem Untergang von Alt-List, vermutlich im 14. Jahrhundert, blieb dieser Inselteil zunächst unbewohnt – ein menschenleeres Paradies für Seevögel. List gehörte politisch auch nicht zu Sylt, sondern war – bis 1864 – eine dänische Enklave, weil das Königshaus strategischen Wert auf den → *Königshafen* legte. Von Dänemark aus erfolgte dann auch die Neubesiedlung mit zwei Erbhöfen, deren Familien Besitzer des bis zur Kampener → *Vogelkoje* reichenden Listlands waren und heute noch sind. Kirchlich gehörte List zu → *Keitum*. Die Listlandbauern lebten vor allem von der Schafzucht, die auch heute noch eine gewisse Rolle spielt.

Von Bedeutung waren auch die Möweneier, von denen jährlich etwa 10 000 gesammelt wurden.

Als List 1908 von Süden her eine Bahnverbindung erhielt und das Listland leicht erreichbar wurde, mussten die Listlandbauern einen Gendarmen anstellen, um Eierdiebe abzuwehren.

Um diese Zeit zählte List nur ein Dutzend Häuser, darunter unverändert die Höfe aus der Zeit der Neubesiedlung.

Im Jahr 1910 erlangte der Ort Bedeutung als Sitz der Sylter Austernfischerei und einer aus drei Bassins bestehenden Anlage zur → *Austernzucht*, ehe militärische Einrichtungen dem Unternehmen 1939 ein Ende bereiteten.

Das Militär setzte mit einer Marineflugstation schon vor dem Ersten Weltkrieg seine Stiefel in die Einsamkeit des Listlands, und im „Dritten Reich" wurde der Ort völlig von Militäranlagen in Anspruch genommen. Zu diesem Zweck wurde den Listlandbesitzern ein großer Teil ihres Landes genommen. Aus späteren Entschädigungsforderungen ergaben sich die Ausweisung von Bauland im Naturschutzgebiet und der Bau der Siedlung → *Sonnenland*. Nach Kriegsende wurden die Anlagen des Seefliegerhorsts demontiert, viele der ehemaligen Wehrmachtsunterkünfte

Oben: Strandvogtei Diedrichsen – eines der wenigen noch erhalten gebliebenen Häuser von Alt-List. List, eine dänische Siedlung aus dem 17. Jahrhundert, hatte nur wenige Häuser und Bewohner. Einer davon wurde stets zum Strandvogt ernannt.

Die Fähre List–Rømø. Neben dem Hindenburgdamm bietet die seit 1963 bestehende Linie eine Verbindung mit Sylt. Jährlich werden hier um die 100 000 Autos und bis zu eine Million Passagiere befördert.

mit Flüchtlingen und anderen Heimatlosen belegt. Erst im Zusammenhang mit der Gründung der Bundeswehr kam wieder Militär nach List. Insbesondere die Marineschule spielte eine große Rolle. Nach dem Jahr 2000 wurde das Militär von Sylt vollständig abgezogen, und heute stehen die umfangreichen Liegenschaften, dem Bund gehörend, leer.

Der Zielübungsplatz der NATO im → *Königshafen* wurde zur großen Erleichterung der Lister 1992 aufgegeben. Im Übrigen lebt List vor allem vom → *Hafen* und seinem Umfeld. Jachten und Fischkutter ankern hier, vom Hafen aus fahren die weißen Schiffe der → *Adler-Reederei* zu nahen und fernen Ausflugszielen oder zu den Seehundsbänken. Die altertümliche „Gret Palucca" lädt zum Seetierfang oder zur Partytour.

Die Deutsche Gesellschaft zur Rettung Schiffbrüchiger unterhält eine Station mit einem Seenotrettungskreuzer im Hafen List. Ein Linienverkehr mit Auto-Passagier-Fähren verbindet Havneby (→ *Rømø*) und List für Passagiere, denen der Autotransport über den → *Hindenburgdamm* zu teuer ist. List entwickelte sich nach Kriegsende zu einem viel besuchten Kurort. Das Kurhaus zeugt ebenso davon wie die Strandhalle am Weststrand. Letztere wurde am 17. Juli 1986 eröffnet, nachdem die erste Strandhalle aus dem Jahr 1961 immer dichter an die Strandkante geraten und nach einer → *Sturmflut* 1985 über die Kante gefallen war. Die neue Strandhalle besteht aus Fertigteilen, sodass die Lister sie bei abermaligem Heranrücken der → *Nordsee* landeinwärts versetzen können. In List befinden sich zwei Biologische Stationen sowie eine Wetterstation. Wettermeldungen aus dem Bereich der nordfriesischen Westküste stammen alle von List.

Loran-Station Der fast 200 Meter hohe, rot-weiß markierte Sendemast in urtümlicher Dünenlandschaft zwischen →

Hörnum und → *Rantum* ist keine Wehrmachtshinterlas-
senschaft, sondern wurde erst 1962 von der US-Coast-
Guard für militärische Zwecke errichtet. 1989 vom
Wasser- und Schifffahrtsamt Tönning übernommen, dient
die Loran-Station (Abkürzung für Long range station) zum
Senden von Funkortungssignalen für die Schifffahrt mit
einer Reichweite von 1000 Kilometern und ist zum Funk-
ortungssystem „Eurofix" ausgebaut worden. Viele Sylt-
Freunde hätten es lieber gesehen, wenn dieser höchste
Fremdkörper in der Sylter Landschaft verschwunden wäre.

Lornsen, Uwe Jens (geb. 18.11.1793 in Keitum, gest.
11./12.2.1838 am Genfer See) Der auf Sylt mit einem
Denkmal nahe dem Geburtshaus in → *Keitum* als Frei-
heitskämpfer geehrte Lornsen wird als bedeutende politische Persönlichkeit auch andernorts geachtet. Er wurde in
einer Zeit geboren, als die → *Seefahrt* in höchster Blüte
stand und es insbesondere in Keitum von welterfahrenen
Kapitänen wimmelte. Auch der Vater von Uwe Jens Lornsen war Kapitän. Infolge der napoleonischen Kriegswirren
musste der junge Lornsen eine andere Laufbahn wählen.
Er ging auf die Seminarschule in Tondern, wurde später
Kontorchef der Schleswig-Holstein-Lauenburgischen
Staatskanzlei und begann 1818 in Kiel zu studieren. Dort
und in Jena kam er in Berührung mit Burschenschaften,
die im Gefolge der Französischen Revolution nationale
und liberale Gedanken vertraten und auch in dem Sylter
Studenten ein romantisch-idealistisches Weltbild entfach-
ten. Das eine Mal wollte Uwe Jens Lornsen auf Haiti seine
Vorstellungen verwirklichen, ein anderes Mal in Grie-
chenland, während der Vater mit Sorge diese Entwicklung
betrachtete und zufrieden war, als sein Sohn 1822 in den
Dienst der deutschen Kanzlei in Kopenhagen trat. Hier
aber gewann er Einblicke in die Notwendigkeit von Refor-
men in Politik, Verfassung und Verwaltung und entwarf –

nachdem er zum Sylter Landvogt ernannt worden war –
auf der Zwischenstation seiner Reise nach Sylt, in Kiel,
eine Flugschrift „Über das Verfassungswerk in Schleswig-
holstein", die am 1. November 1830 der Öffentlichkeit vor-
gestellt wurde. Die in der Publikation vorgetragenen
Forderungen an die dänische Landesherrschaft stellten
zwar nicht die Oberhoheit des Königs infrage, liefen aber
auf eine weitgehende Unabhängigkeit der Herzogtümer
(„Nur der König und der Feind sei uns gemeinsam") und
deren Loslösung aus dem dänischen Gesamtstaat hinaus,
und das galt als „Vaterlandsverrat". Kaum hatte er sein
Amt als Landvogt auf Sylt angetreten, wurde Uwe Jens
Lornsen nur zehn Tage später, am 23. November 1830,
abgesetzt, verhaftet und wegen „Aufruhr" zu einem Jahr
Gefängnis verurteilt. Ein Angebot der Regierung, mit
einer Pension in das Ausland zu emigrieren, lehnte er
stolz ab. Nach seiner Entlassung lebte er zunächst zwei
Jahre auf Sylt, belastet mehr mit seelischer als mit körper-
licher Krankheit, und reiste zwecks Heilung seiner Leiden
1833 nach Brasilien. Dort schrieb er „Die Unionsverfas-
sung Dänemarks und Schleswigholsteins" und hatte dieses Werk im Gepäck, als er 1837 nach Europa zurückkehrte. Während eines Aufenthalts in der Schweiz verstärkte sich seine Krankheit, und am 11./12. Februar 1838
setzte Uwe Jens Lornsen am Genfer See seinem Leben
durch Selbstmord ein Ende.
Seine politischen Ziele aber waren nicht gestorben. Im
Zuge politischer Liberalisierung wirkten seine Gedanken
eines von Dänemark unabhängigen Schleswig-Holsteins
mit enger Anbindung an den Deutschen Bund fort und
fanden zunächst ihren Ausdruck in der erfolglosen Schleswig-Holsteinischen Erhebung gegen Dänemark 1848.
1864 griffen unter Führung von Bismarck die beiden deutschen Großmächte Preußen und Österreich ein, besiegten

Dänemark und lösten Schleswig-Holstein und Lauenburg aus dem dänischen Gesamtstaat. Die Erreichung dieses Ziels schrieb man nicht zuletzt Uwe Jens Lornsen zu.

„Lutine" Name einer englischen Fregatte, die mit 300 Mann Besatzung und einer Ladung von Geld- und Silberbarren im Wert von 1,5 Millionen Pfund in einer Sturmnacht im Oktober 1799 vor Terschelling unterging. Auf dem Schiff befand sich ein Sohn des englischen Kaufmanns Wienholt, dessen Leiche später auf Sylt angetrieben wurde. Eine Tafel in der alten → *St.-Nicolai-Kirche* in → *Westerland* erinnert daran, dass er ein christliches Begräbnis erhielt. Schatzsucher haben bis heute vergeblich nach der „Lutine"-Ladung getaucht. Nur die Glocke wurde geborgen und hängt nun bei der Versicherung Lloyds in London. Sie wird geläutet, wenn ein Schiffsverlust gemeldet wird.

Mandränke So werden die großen → *Sturmfluten* von 1362 und 1634 genannt. Im erstgenannten Jahr gingen Rungholt nahe der heutigen Hallig Südfall und vielleicht auch Alt-List sowie → *Wenningstedt* auf Sylt verloren. Die zweite Flut im Jahr 1634 traf vor allem die einstige Insel Alt-Nordstrand, von der als Reste Pellworm, Nordstrand und Hallig Nordstrandischmoor übrig blieben. Bei den Fluten ertranken jeweils etwa 10 000 Menschen. Umfangreiche Landverluste waren die Folge.

Marsch Fruchtbares Land aus Meeresablagerungen. Eingedeichte Marschen, wie jene auf der Nösse-Halbinsel, heißen Koog und tragen eine Süßwasservegetation. Unbedeichte Marschen – zum Beispiel am Nösse-Deich bei → *Rantum* und an der Keitumer Bucht – sind Salzwiesen mit einer speziellen, salzverträglichen Vegetation. Hier wachsen unter anderem Strandflieder, Strandaster und Strandbeifuß.

Meeresleuchten Sowohl im Sommer als auch im Winter ist gelegentlich ein Aufleuchten im bewegten Wasser oder auf

Der Kartograf Johannes Mejer versuchte um 1640 mit einiger Fantasie die Landzustände vor der „Großen Mandränke" 1362 darzustellen. Oben, gelb umrandet, das Gebiet von Sylt mit dem „Friesenhafen" Wenningstedt.

dem trockenen Strand zu beobachten, das durch millionenfach auftretende Geißeltierchen *(Noctiluca miliaris)* verursacht wird. Die Leuchtwirkung beruht auf chemischen Blitzen, die durch einen Berührungsreiz ausgelöst werden.

„Miramar" Eines der wenigen noch erhaltenen Hotels aus der Frühzeit des Seebades → *Westerland* ist das 1903 von Otto Busse erbaute „Miramar". Schon 1907 musste der Besitzer vor dem Hotel für 30 000 Mark eine Steinmauer errichten, weil die → *Nordsee* zu nahe gekommen war. Bekannte Gäste, zu denen der Dichter Gerhart Hauptmann, der Außenminister der Weimarer Republik Gustav Stresemann, der Schauspieler Hans Albers, der Boxweltmeister Max Schmeling und viele andere gehörten, wohnten im Hotel, das heute einen wohltuenden Kontrapunkt zur modernen Architektur des Kurzentrums setzt.

Möwen Diese bekanntesten aller Seevögel sind auch am Sylter Himmel, im → *Watt* und am Strand eine allgegenwärtige Erscheinung. Am Badestrand sind sie so zutraulich geworden, dass sie sozusagen aus der Hand fressen, aber nach der Verdauung nicht selten die Strandbesucher mit Kot „markieren". Die weißen Möwen sind Altvögel, die graubraun gesprenkelten die Jungen. Fünf Arten kommen auf Sylt vor: die Silbermöwe mit silbergrauen Flügeldecken, die ähnliche, aber kleinere Sturmmöwe, die Heringsmöwe mit ihren schwarzen Flügeldecken, die ähnliche, aber sehr viel größere Mantelmöwe und schließlich die Lachmöwe, die in der sommerlichen Brutzeit ein braunes Kopfgefieder trägt. Früher brüteten Zehntausende von Möwen auf Sylt, sowohl im Listland als auch auf → *Hörnum*, wurden aber durch hartnäckiges Eiersammeln, Militärübungen und vor allem durch die über den → *Hindenburgdamm* eingewanderten → *Füchse* vertrieben. Heute kommen Möwen nur auf den fuchssicheren Sandinseln im Sylter Watt, aber auch auf den fuchssicheren Dächern von Westerland als Brutvögel vor und sind als „Stadt- und Promenaden-Vagabunden" ein Problem geworden.

Möwenberg Dünengelände nördlich von → *List*. Heute befindet sich eine Jugendherberge auf dem ehemals militärisch genutzten Areal.

Morsum Das Streudorf an der Ostspitze von Sylt besteht aus den Ortsteilen Abort, Lütjemorsum, Groß Morsum, Holm, Klampshörn, Schellinghörn, Wall und Osterende. Die → *St.-Martin-Kirche* aus dem 12. Jahrhundert verrät den frühen Ursprung des Ortes. Über Jahrhunderte kamen zahlreiche bekannte Kommandeure und Kapitäne aus Morsum. Als die → *Seefahrt* dann zu Beginn des 19. Jahrhunderts zurückging, wandten sich die Morsumer dank der weitläufigen umliegenden → *Marschen* und Geestländereien mit Erfolg der → *Landwirtschaft* zu. „In Keitum is de grote Not, Morsum hett doch Speck und Brot", hieß es damals auf Sylt. Auch in der ersten Hälfte des 20. Jahrhunderts bestimmte die Landwirtschaft das Bild des Dorfs. Dank der abgeschiedenen Lage – erst 1927 wurde Morsum durch die Eisenbahn ostwärts mit dem Festland und westwärts mit der Badeanstalt → *Westerland* verbunden – erhielt sich hier die sylterfriesische Sprache am längsten und ist auch in der Gegenwart noch vertreten. Erst in den 1960/70er Jahren hielt der → *Fremdenverkehr* in Morsum Einzug. Für ganz feine Leute ließ Axel Springer einen Golfplatz anlegen. 1970 gab Morsum seine Selbstständigkeit auf und wurde mit → *Archsum,* → *Keitum,* → *Munkmarsch* und → *Tinnum* zur Großgemeinde → *Sylt-Ost* vereint. Ab 2009 kamen → *Rantum* und → *Westerland* dazu, und das Ganze heißt nun Gemeinde Sylt.

Morsum-Kliff Das urtümliche Kliff an der Sylter Ostspitze wurde 1923 auf Initiative von Ferdinand → *Avenarius* unter → *Naturschutz* gestellt – gerade noch rechtzeitig, denn es

Möwen sind die bekanntesten Vögel der Nordsee. Sie brüteten früher – bevor die Füchse kamen – in großen Kolonien auf Sylt. Silbermöwen haben silbergraue Flügeldecken.

Friesenhausgiebel in Morsum. Er gilt mit seiner handwerklichen und künstlerischen Ausgestaltung als einer der schönsten auf Sylt. Im Giebel die schmiedeeisernen Namensinitialen der Erbauer beziehungsweise späteren Bewohner.

Morsum-Kliff. Die Bodenablagerungen dieses urtümlichen Kliffs führen uns Jahrmillionen zurück in die Erdgeschichte – noch ehe die Eiszeit die hiesige Landschaft gestaltete.

Die Graupenmühle auf dem hohen Kliffufer südlich von Keitum wurde 1911 als Windmühle stillgelegt. Bis dahin war sie für die vom Festland oder von Föhr kommenden Schiffe ein Wahrzeichen und ein Orientierungspunkt im Wattenmeer.

gab Pläne, das Kliff für den Bau des → *Hindenburgdamms* abzutragen. Das Morsum-Kliff ist ein geologisches Fenster in fernste Perioden der Erdgeschichte. Der unterste Glimmerton wurde vor rund zehn Millionen Jahren, der Limonitsandstein vor rund acht Millionen Jahren und der Kaolinsand vor zwei bis sieben Millionen Jahren abgelagert. Aber erst durch den Druck und Schub der mächtigen Gletscher der Saaleeiszeit wurden diese Schichten vor etwa 150 000 Jahren aufgestaucht und in fünffacher Abfolge schräggestellt. Der dunkle Glimmerton entstand durch Ablagerungen in einem Flachmeer bei tropischen Temperaturen, der Limonitsandstein aus Meeressand, der zu Limonit verkrustete, und der Kaolinsand als Ablagerung im Mündungsdelta eines von Nordosteuropa bis Holland reichenden Flusses. Die obersten Schichten des Kliffs – wie auch die übrige Sylter → *Geest* – entstanden während der vorletzten Eiszeit und bestehen vor allem aus braungelbem Geschiebelehm. Der Schichtenfolge entsprechend finden sich auch Versteinerungen frühester Meerestiere am Morsum-Kliff.

Mühlen Heute gibt es auf Sylt nicht einmal mehr Überreste der früher vorhandenen Mühlen. Nur alte Flurnamen wie Meelenknob (Mühlenhügel) in → *Morsum* oder die Mahlsteine im Wall des ehemaligen Müllerhauses in → *Munkmarsch* erinnern noch an die Zeit, als zur Sylter → *Landwirtschaft* auch Mühlen gehörten.

Erste Nachrichten über Mühlen stammen aus dem 16. Jahrhundert, wobei es sich zunächst um einfache Bockmühlen handelte, die gegen den Wind gedreht werden mussten. Sie konnten allerdings nicht die harte Gerste, das Hauptgetreide des Sylter Ackerlands, schälen. Etwa um 1600 reklamierte die Landesherrschaft die Mühlen für sich und verpachtete sie fortan. Die im Mühlenbereich ansässigen Bauern wurden verpflichtet, ihr Getreide nur an der zugewiesenen Mühle mahlen zu lassen. Dieser sogenannte

Mühlenzwang wurde erst 1852 aufgehoben. An die Stelle der Bockmühlen traten im Laufe des 18. und 19. Jahrhunderts die größeren Graupenmühlen mit drehbarer Kappe, so 1744 auf der Panderhöhe bei Munkmarsch, 1787 in Morsum, 1859 bei → *Tinnum* und Ende der 1870er Jahre auf dem Kliff bei → *Keitum*. Die Keitumer Windmühle wurde schon 1911 durch eine motorbetriebene Mühle ersetzt, und wenig später schlug auch die Stunde der anderen Sylter Mühlen, die zuerst stillgelegt (Munkmarsch 1918, Tinnum 1926) und wenig später abgebrochen wurden.

Mungard, Jens (geb. 9.2.1885 in Keitum, gest. 15.2.1940 im Konzentrationslager Sachsenhausen) Der bedeutende Dichter der sylterfriesischen Sprache geriet durch kritische politische Äußerungen in Konflikt mit lokalen NS-Repräsentanten. Mungard wurde seit 1935 wiederholt in Schutzhaft genommen und erhielt 1938 Schreibverbot. Schließlich wurde er ins Konzentrationslager Sachsenhausen eingewiesen, wo er 1940 starb.

Die friesische Sprache ist eher rau und schwerfällig. Aber Jens Mungard hat es wie kaum ein anderer verstanden, auch dieser Sprache Poesie zu geben, insbesondere in seinen Gedichten. Wenn auf Sylt im Hoch- und Spätsommer die → *Heide* blüht, heißt es: „Die Heide ist Braut." Eine der acht Strophen aus dem Gedicht „Di hiid es briir" soll hier beispielhaft für Mungards sylterfriesische Poesie zitiert werden:

Di hiid es briir	*Die Heide ist Braut*
en liit sa net	*und liegt so fein*
Fan kamp an striir	*Von Kampf und Streit*
uurst ual en tret.	*wirst (du) alt und müd'*

Munkmarsch Die Mönchsmarsch war in vorreformatorischer Zeit kirchlicher Besitz. Noch Mitte des 19. Jahrhunderts fanden sich hier nur drei Häuser, darunter eine → *Mühle* und das große, markante Müllerhaus, das noch heute die

Die frühere Silhouette von Munkmarsch-Hafen – Fährhaus und Mühlengewese. Die Mühle ist verschwunden, das Fährhaus wurde vor einigen Jahren ganz neu renoviert und mit Restaurant und angrenzendem Hotel eingerichtet.

Jens Mungard (1885–1940), der bedeutende Dichter der Sylter Sprache, verlor 1940 im KZ Sachsenhausen sein Leben, weil er sich offen gegen den Nationalsozialismus wandte.

Anhöhe über dem → *Hafen* ziert. Anfang des 20. Jahrhunderts wurden 14 Wohnungen mit 70 Einwohnern gezählt, zudem gab es eine Ziegelei.

Bedeutung erlangte Munkmarsch, als der Hafen von → *Keitum* verschlickte und sich infolge einer Prielbildung der nördlich gelegene Ort als Anleger anbot. Eine solche Anlegemöglichkeit war dringlich geworden, nachdem 1855 der Badeort → *Westerland* gegründet worden war und der Zustrom der Gäste stieg. 1867 baute der Keitumer Kapitän Andreas Andersen eine etwa 100 Meter lange Mole, aus deren Einnahmen er ein bedeutendes Legat stiftete.

Nun mussten die von Hoyer oder über Wyk kommenden Passagiere nicht mehr an Land getragen oder mittels Pferdefuhrwerken ausgebootet werden, sondern konnten über die Mole direkt in die Kutschen und ab 1888 in die Bahn steigen, um nach Westerland zu gelangen. Erst durch den Bau des → *Hindenburgdamms* 1927 wurde der Hafen Munkmarsch überflüssig. Er diente dann nur noch der Küstenschifferei und den Muschelkuttern der Familie Rönnebeck, ehe er als Liegeplatz der Jachten des Sylter Segel-Clubs in der Gegenwart wieder eine gewisse Bedeutung erhielt. Zum Hafen gehörte und gehört auch das 1869 erbaute „Fährhaus". Der Bauherr, Kapitän Thomas Selmer, war Inhaber der Fähr- und Postkonzession und konnte somit durch absichtliche Verspätungen den Besuch seiner Gaststätte steuern. Nach einer letzten Glanzzeit in den 1960/70er Jahren wurde das große, unrentable Gebäude 1980 stillgelegt und geriet bald in Verfall. Erst Mitte der 1990er Jahre fand sich ein Investor, der das große Haus renovierte, um darin Restaurants einzurichten, die 1997 eröffnet wurden. Das angrenzende Hotel öffnete 1999 seine Pforten. Längst ist auch der Ort Munkmarsch durch zahlreiche Neubauten über seine einst beschaulichen Dimensionen hinausgewachsen.

Muscheln Weichtiere mit harten Schalen, die eingegraben im Watt- und Meeresboden leben (zum Beispiel Plattmuscheln, Trogmuscheln, Herzmuscheln, Schwertmuscheln, Sandklaffmuscheln), sich in festen Boden oder in Brückendalben einbohren (Bohrmuscheln, Pfahlmuscheln) oder auf dem Watt- und Meeresboden zu finden sind (Miesmuscheln, → *Austern*).

Insbesondere die vermehrungskräftige Miesmuschel verträgt eine intensive Befischung, die vor allem im nordfriesischen Wattenmeer und in den Strömen zur Nordsee praktiziert wird. Dazu werden neben der Nutzung von Wildmuschelbänken auch Kulturen angelegt. Das Zentrum der Miesmuschelfischerei mit modernen Kuttern ist Wyk auf → *Föhr*. Bei Emmelsbüll und Dagebüll sorgen Betriebe für eine Weiterverarbeitung der angelandeten Muscheln, die größtenteils in die Niederlande exportiert werden. Die jahrhundertelange Austernfischerei musste Anfang des 20. Jahrhunderts aufgegeben werden, hat aber mittlerweile in der → *Austernzucht* im Sylter → *Watt* eine neue Grundlage gefunden. Die Herz- und Trogmuschelfischerei spielt hingegen keine Rolle und ist in den Grenzen des 1999 erweiterten → *Nationalparks Wattenmeer* nicht erlaubt.

Ein Beispiel für die Einwanderung neuer Muschelarten durch Laich im Ballastwasser von Überseefrachtern oder auf anderen Wegen ist die amerikanische Schwertmuschel. Die langen, sanft gebogenen Schalen sind seit etwa 30 Jahren an Sylter Stränden zu finden. Bei allen Muschelschalen handelt es sich jedoch nur noch um Reste der längst verstorbenen Weichtiere, die einmal innerhalb zweier zusammenklappbarer Schalenhälften lebten.

Musikmuschel So nennt man das schalenartige Schutzwerk für die Kurkapelle auf der Westerländer Strandpromenade, die an stürmischen Tagen schon mancher Brandungsdusche trotzen musste.

Oben: Plattmuscheln auf dem Watt und im Flutsaum des Strandes. Die Vielzahl der Muschelschalen am Strand und auf dem Wattboden zeugt von der Dichte des Tierlebens in den Küstenzonen rund um die Insel.

Im Sommer weht der leichte Seewind die Melodien der Kurkapelle hinauf auf die Zuhörerränge, im Winter muss die Musikmuschel in Westerland manche Sturmflut-Dusche ertragen.

Folgende Doppelseite: Das Wattenmeer – Nationalpark seit 1985 und seit Juni 2009 von der UNESCO auch als Weltnaturerbe anerkannt – ein hohes Prädikat, das den Wert dieser Meereslandschaft unterstreicht.

Namen Wer mit Vornamen Bleicke oder mit Familiennamen Bleicken heißt, kann nur von Sylt stammen, denn nur dort gibt es diesen inselspezifischen Namen. Auch Bunde, Familienname Bundis, kommt nur auf Sylt vor, so wie es Brar als Vornamen und Braren als Familiennamen nur auf → *Föhr* gibt. Die Sylter Namensgebung orientierte sich bis 1771 am Patronymikon. Aus dem Vornamen des Vaters bildete sich der Familienname der Kinder, so wurde aus Bleick Bleicken, aus Bunde Bundis, aus Take Taken und aus Boy Boysen. Aber auch die Ehefrau erhielt entsprechend der andronymischen Namensgebung als Familiennamen den Vornamen ihres Mannes. Hatte zum Beispiel eine Erkel Andresen einen Bleick Matzen geheiratet, so hieß sie fortan Erkel Bleicken. Heute sind die Altsylter Namen zwar noch vorhanden, aber doch gewaltig dezimiert.

Nationalpark Schleswig-Holsteinisches Wattenmeer (seit 2009 Weltnaturerbe) Im Jahr 1985 wurde das Wattenmeer vor der schleswig-holsteinischen Westküste zum Nationalpark erklärt – insgesamt eine Fläche von 2850 Quadratkilometern. Ziel dieser von der Landesregierung gegen den Willen vieler Küstenbewohner erlassenen Verordnung war der Schutz einer der an Seevögeln, Seetieren und seltenen Pflanzen reichsten Landschaften Europas. Die Problematik bestand darin, dass der Nationalpark nicht – wie andernorts – in einer menschenleeren Landschaft eingerichtet wurde, sondern in einer gebietsweise dicht besiedelten Region, die für → *Fremdenverkehr*, → *Fischerei* und andere Wirtschaftszweige genutzt wird und insbesondere menschliche Eingriffe für den → *Küstenschutz* erforderlich macht. Nach anfänglichen Protesten arrangierten sich Küstenbewohner und Insulaner mit dem Nationalpark, zumal die Notwendigkeit eines verstärkten → *Naturschutzes* nicht zu bestreiten war. Aufregung gab es 1997/98, als eine Erwei-

terung des Nationalparks unter Einbeziehung der Inseln sowie eine Verschärfung der Schutzregeln geplant waren. Schließlich blieb es bei der seeseitigen Erweiterung, zu der die Einrichtung eines Walschutzgebiets vor Sylt und → *Amrum* gehörte. 2009 erkannte die UNESCO das deutschniederländische Wattenmeer als Weltnaturerbe an – ein Prädikat, das den hohen Wert dieser Landschaft unterstreicht, aber keine neuen Schutzregelungen bedeutet.

Naturgewalten Sylt heißt ein für fast zwölf Millionen Euro erbautes Gebäude bei List, das die Besucher in eindrucksvoller Weise über die Meeresnatur, Gezeiten, Stürme, Tiere im Watt, Klima und Wetter in drei Ausstellungsbereichen informiert und den Anstieg des Meeresspiegels mit den Folgen für Sylt demonstriert.

Naturschutz Während Sylt einerseits als Musterbeispiel hemmungsloser Bebauung und Zerstörung von Naturlandschaften gilt, ist die Insel gleichzeitig ein Exempel frühen und umfassenden Naturschutzes. Schon 1923, als der Begriff Naturschutz noch weitgehend ein Fremdwort war, wurde von Ferdinand → *Avenarius,* Knud → *Ahlborn* und Ferdinand Goebel der Verein Naturschutz Sylt gegründet, um Nordsylt mit dem Listland und das → *Morsum-Kliff* in ihrer Ursprünglichkeit zu bewahren.

In der Zeit des Nationalsozialismus musste sich der Naturschutz den militärischen Belangen unterordnen. Als nach dem Zweiten Weltkrieg große Bauvorhaben anstanden, stellten sich Fragen des Naturschutzes umso dringlicher. In der Folgezeit wurden → *Hörnum-Odde,* Hörnumer und Rantumer Dünengebiete, die Braderuper Heide und schließlich das Nielön, die unbedeichten Wiesen nördlich von → *Kampen,* unter Naturschutz, andere Inselteile unter Landschaftsschutz gestellt. Besonderes Engagement forderte dann das Bauvorhaben → *„Atlantis"* in → *Westerland* heraus, das durch einen enormen Zuwachs des Besucherstroms die Insel zusätzlich belastet hätte. Vor allem Clara Enns, langjährige Vorsitzende des Vereins Naturschutz Sylt, der seit 1977 mit der Bürgerinitiative Sylt zur Naturschutzgemeinschaft Sylt zusammengeschlossen ist, engagierte sich mit anderen erfolgreich gegen die Realisierung des Bauprojekts.

Gleichfalls im Naturschutz engagiert sind die → *Söl'ring Foriining* und die Schutzstation Wattenmeer. Sie betreuen ebenso wie der → *Verein Jordsand* und der Naturschutzbund (Nabu) die fest begrenzten Naturschutzgebiete Hörnum-Odde, Eidum-Vogelkoje, Rantum-Becken, Vogelinsel → *Uthörn* und die Sandinsel bei → *Archsum*. Auch die Seevogelrettungsstation ist ein wichtiger Faktor des Naturschutzes. Zu speziellen Themen haben sich Bürgerinitiativen gebildet, so engagiert sich zum Beispiel die Initiative „Rettet Sylt" gegen umweltbedrohende Bauvorhaben.

Nösse „Nase" der Insel an der Ostspitze von Sylt, heute auch unter Einbezug der Gegend von → *Morsum* bis → *Archsum*.

Nolde, Emil eigentlich Emil Hansen (geb. 7.8.1867 in Nolde bei Tondern, gest. 13.4.1956 in Seebüll), Maler und Grafiker. Nolde war einer der vielen Maler, die auf Sylt Motive suchten und fanden, war aber nur besuchsweise hier. Er ließ sich in Seebüll in der Wiedingharde nieder und richtete hier zusammen mit seiner Frau Ada eine Stiftung mit seinen Werken ein, die jährlich zahlreiche Besucher anzieht.

Norddörfer Auch heute noch verwendete Bezeichnung für die ehemals eine Gemeinde bildenden drei Dörfer → *Wenningstedt,* → *Braderup* und → *Kampen*, obwohl Kampen 1927 eine selbstständige Gemeinde wurde und eigentlich → *List* der am nördlichsten gelegene Ort der Insel ist. Unverändert gibt es im Bereich der Norddörfer etliche gemeinsame Einrichtungen wie zum Beispiel einen Ringreiterverein, einen Sportverein und eine Schule.

Oben: Während der Pesel früher nur besonderen Anlässen diente, war die „Kööv" – hier im Altfriesischen Haus in Keitum – die tägliche Wohnstube. Diese Stube war als Einzige durch den Beilegerofen beheizbar.

„Naturgewalten Sylt" heißt ein farbenfrohes Erlebniszentrum am Ostufer von List, das im Februar 2009 eröffnet wurde. Auf einer Fläche von 1500 Quadratmetern erlebt der Besucher in drei Ausstellungsbereichen das Wirken von Ebbe und Flut, Tiere im Watt, Stürme im Windkanal, Kräfte der Nordsee und Klimaerscheinungen.

Nordsee Das 580 000 Quadratkilometer große Randmeer des Atlantischen Ozeans mit einer mittleren Tiefe von 90 Metern berührt Sylt auf knapp 40 Kilometer Länge.

Odde Nordgermanische Bezeichnung für eine ins Meer ragende Landzunge, zum Beispiel die → *Hörnum-Odde* auf Sylt, die Amrum-Odde oder die dänische Skagen-Odde.

Pesel (Sylterfriesisch = Piisel) Die gute Stube im → *Friesenhaus*, die nur zu ganz bestimmten Anlässen wie Familienfeiern oder kirchlichen Feiern genutzt wurde. Beispielsweise stand hier der Sarg mit Verstorbenen bis zu deren Beerdigung. Ein schönes Beispiel eines Pesels findet man im → *Altfriesischen Haus* in → *Keitum*.

Petritag → *Biike*

Pidder Lyng Sagenhafte Gestalt, die im 14./15. Jahrhundert zunächst als Heringsfischer im Kressen Jacobs Tal (benannt nach seiner Mutter Kressen, Jacob Lyngs Frau) auf → *Hörnum* gelebt haben soll. Der Sage zufolge drückte er den Sohn des Amtmanns von Tondern, der wegen einer Steuerforderung mit Kriegsknechten nach Sylt gekommen war, wegen einer Beleidigung mit dem Gesicht in einen Grünkohltopf und erstickte ihn dabei. Pidder Lyng soll daraufhin landflüchtig geworden sein, um gemeinsam mit Spießgesellen auf der → *Nordsee* Schiffe zu kapern, sozusagen als Störtebeker von Sylt. Mal wurden dänische, dann holländische oder Bremer und Hamburger Handelsschiffe geentert und ausgeraubt, während die Frachtschiffe der eigenen Landsleute verschont blieben. Der Dichter Detlev von Liliencron hat Pidder Lyng mit einer Ballade unsterblich gemacht und dabei auch dem friesischen Freiheitsruf → *„Leewer duad üs slaaw"* (Lieber tot als Sklave) zu großer Popularität verholfen, es mit den Fakten aber nicht ganz genau genommen. Pidder Lyng wurde nicht von Kriegsknechten des Amtmanns erstochen, sondern als Seeräuber von den eigenen Landsleuten auf dem Galgenhügel bei →

Munkmarsch mitsamt einem halben Dutzend von Spießgesellen erhängt. Nur einen Jüngling ließ man am Leben. Er soll sich aber für den Tod der Genossen gerächt und die → *Landvogtei* in Brand gesteckt haben.

Pollacsek, Julius Adrian (geb. 5.2.1850 in Budapest) Das Seebad → *Westerland*, zunächst in Form einer Aktiengesellschaft im Besitz der Westerländer, wurde 1872 vom Besitzer des dortigen Hotels „Royal", Friedrich Albert Haberhauffe, erworben, der Westerland durch entsprechende Gebäude und Einrichtungen erst zu einem richtigen Seebad machte. 1884 aber verkaufte Haberhauffe das Seebad für 365 000 Mark an Dr. Julius Adrian Pollacsek, unter dessen Leitung es einen bedeutenden Aufschwung nahm. Dazu gehörte auch der Ausbau von Verkehrsverbindungen nach Westerland. Die Zahl der Kurgäste stieg von knapp 3000 (1884) bis auf 9358 (1892). Pollacsek war auch Besitzer der Badeanstalt → *Wenningstedt* und kaufte das Konkurrenzunternehmen „Marienlust" dazu. Als er im Jahr 1893 seine Seebadanlagen an die Gemeinde Westerland verkaufte, hatten diese einen Wert von 825 600 Mark.

Prominenz Als der Sylter Boy P. Möller im Jahr 1870 ein kleines Büchlein über → *Westerland* drucken ließ, brachte er die folgende Einschätzung zu Papier: „Die Insel ist ein interessantes Ländchen, interessant freilich nur für den sinnigen Naturfreund, der sich dem Zauber der wildromantischen Naturscenerie hinzugeben vermag ... Die fashionable Welt würde sich entsetzlich ennuyieren. Die Jeunesse dorée, hierher verschlagen, möchte glauben, zu einer unwillkommenen Robinsonade verurteilt zu sein ..." Der gute Boy P. Möller! Nur einige Jahrzehnte später trat das genaue Gegenteil ein. Sylt wurde ein Modebad, und bald war es „schick", mit einer Sommerfrische in → *Westerland* zu renommieren. Zuerst waren es Angehörige des Adels und Militärs, höhere Beamte und Fabrikanten, Reedereibesitzer und Kaufleute, deren Namen die Listen der „Kurzeitung" bevölkerten und die Anwesenden zu genauen Studien der Namenslisten bzw. der Neuankömmlinge veranlassten. Bald folgten die Geistesgrößen aus Wissenschaft und Kultur. Einige Zeit nach der Jahrhundertwende begann sich die Prominenz jedoch auf → *Kampen* zu konzentrieren. Endlos wurden die Listen mit den Namen von Malern, Musikern, Schriftstellern und Schauspielern, die dem Ort die Ehre gaben, sei es zu Besuch, als Bleibe für kurze oder längere Zeit des Wirkens oder gar zu dauerndem Aufenthalt. Die Prominenz des Geistes wurde jedoch in der zweiten Hälfte des 20. Jahrhunderts fast völlig verdrängt durch die eher fragwürdige Prominenz der deutschen Medienlandschaft und der Regenbogenpresse.

Pua Moders Sylter Schelm, der Sage nach Sohn einer Sylterin und eines Zigeuners, der im 16. Jahrhundert in einem einsamen Dünenhaus von → *Westerland* wohnte und die Sylter sowie die Bewohner benachbarter Inseln und Halligen durch seine eulenspiegelartigen Streiche zur Wut und Verzweiflung brachte, ehe er – zur großen Erleichterung der geplagten Insulaner – im Wattenmeer ertrank.

Puan Klent (Puas → *Dünen*) Dünengebiet auf halbem Weg zwischen Rantum und → *Hörnum*, benannt nach der Sagenfigur → *Pua Moders*. Im Ersten Weltkrieg entstanden hier Militärbaracken, die nach Kriegsende auf Anregung von Knud → *Ahlborn* von der Stadt Hamburg mit Unterstützung der Hamburger Sparkasse erworben und als Jugenderholungsheim eingerichtet wurden. Am 6. Juni 1920 erfolgte die Einweihung, wenig später der Umbau zu festen Gebäuden im angenäherten Friesenstil. Im Zweiten Weltkrieg wurde die Anlage erneut vom Militär beansprucht. Nach Kriegsende zunächst als Gefangenenlager für deutsche Offiziere genutzt, dann mit polnischen

Flüchtlingsfamilien belegt, wurde das Heim ab 1946 wieder der Jugenderholung zugeführt, das ursprüngliche Motto „Ordnung, Sitte, Tugend – das bewahre deutsche Jugend" aber durch moderne Erziehungsmaximen relativiert. Nach einer Renovierung und Erweiterung hat das → *Schullandheim* heute Platz für 300 Jugendliche.

Quallen Die Nesseltiere, die im Sommerhalbjahr je nach Wind und Wetterlage einzeln oder in invasionsartigen Mengen an den Strand treiben, bestehen zu 98 Prozent aus Wasser und überleben deshalb in Sonne und Wind nicht lange. Die nur weintraubengroßen Kugelrippenquallen (Seestachelbeeren), die im Frühsommer erscheinenden Ohrenquallen sowie die im Hochsommer antreibenden blauen Wurzelmundquallen und Kompassquallen haben ein zu schwaches Nesselgift, um das → *Badeleben* zu gefährden. Im Juni und Juli tauchen aber auch die Blaue und die Gelbe Haarqualle auf, Letztere mit Glockendurchmessern von einem halben Meter. Bei Berührung mit den langen Nesselfäden dieser Art kann es zu stundenlangem Brennen auf der Haut und zu Ausschlägen kommen. → *Feuerquallen*.

Queller Pionierpflanze an flach auslaufenden Wattufern. Die dicken Stängel und Blätter dieser bis zu 25 Zentimeter hohen Pflanze erinnern an Kakteen und sind wie diese in der Lage, viel Wasser zu speichern, um der Salzkonzentration ihres Lebensraums zu begegnen. Die Samen werden im Herbst von den → *Gezeiten* verfrachtet, wenn die einjährige Pflanze erst rot wird und dann abstirbt.

Radwege Sylt ist berüchtigt wegen des dichten sommerlichen Autoverkehrs. Aber die Insel hat auch rund 160 Kilometer Rad- und Wanderwege zu bieten, die über weite Strecken auf den befestigten Trassen der früheren → *Inselbahn* verlaufen. In jedem Ort gibt es die Möglichkeit, Fahrräder zu leihen.

Blaue und Gelbe Haarqualle. Ausgerechnet bei schönstem Badewetter – vor allem bei Ostwind – treiben Quallen an. Sie bestehen aber zu etwa 98 Prozent aus Wasser und sind in Sonne und Wind schnell vergangen.

Queller im Watt. Der Queller wird täglich vom Salzwasser überflutet, kann sich aber trotzdem dank seiner Konstruktion als Halophyt (Salzpflanze) behaupten, wird allerdings mancherorts durch das Schlickgras verdrängt.

Ran Der Sylter Sage nach die unförmige, walrossähnliche Gattin des Meeresgotts → *Ekke Nekkepen*, der nicht zufällig den schönen Sylter Mädchen nachstellte. Ran war die Göttin der Stürme und der → *Strandungsfälle* und deshalb für die Insulaner von großer Wichtigkeit, bescherte sie doch den „Strandsegen". Angeblich soll das Dorf → *Rantum* = Rans Heim nach dieser Meeresgöttin benannt worden sein, und man schrieb den mehrfachen Untergang des Dorfs und seiner Kirchen dem Wirken von Ran zu, die das Dorf in ihr Reich holen wollte.

Rantum Gelegen an der schmalsten Stelle der Insel zwischen Nordseestrand und Wattenmeer, war Rantum früher ein bedeutendes Dorf mit einer Burganlage (Burgtal) sowie einer Kapelle und einer → *Kirche* in vorreformatorischer Zeit. Namhafte Kapitäne und Kommandeure (zum Beispiel die Familie Petersen de → *Hahn*) waren hier ansässig. Und weithin dehnten sich nach Norden (Rantum-Inge) und Süden die Wiesen aus, in ferner, nicht klar datierbarer Vergangenheit sogar teilweise von → *Deichen* geschützt. Auch Ackerbau ließ sich auf einer heute nicht mehr vorhandenen Feldmark betreiben. Im 16. Jahrhundert war sogar noch eine → *Mühle* in Rantum verzeichnet.

Infolge der Verluste von Weide und Ackerland durch Dünenversandung verarmten die einst wohlhabenden Rantumer, und in der Zeit vom 17. bis zum 19. Jahrhundert kam es immer wieder zu Strandräuberei. 1682 beispielsweise wurden sämtliche Hausbesitzer wegen Strandräuberei zum Amtshaus in Tondern zitiert. Das sterbende Dorf wurde erst im 20. Jahrhundert neu belebt, als es durch die 1901 angelegte Südbahn eine Verbindung nach → *Westerland* und → *Hörnum* (→ *HAPAG*) erhielt. Durch Verpachtung der → *Jagd* sowie von Weiden und Landflächen an den Staat zwecks → *Küstenschutz* erzielte die Gemeinde Rantum um 1900 eine Einnahme von rund

5000 Mark, der eine Ausgabe von 2500 Mark gegenüberstand, sodass jeder der fünf Hausbesitzer in Rantum jährlich aus der Gemeindekasse 500 bis 600 Mark erhielt. 1906 wurde das Gelände zwischen → *Puan Klent* im Süden und der Gemeindegrenze Westerland an die fünf Hausbesitzer verteilt, während das übrige Gelände bis → *Hörnum-Odde* im Gemeindebesitz verblieb. Nach dem Ersten Weltkrieg verkauften vier der fünf Stavenbesitzer ihren Landbesitz für jeweils 100 000 Mark an Westerländer Spekulanten, die ihren Erwerb in der nachfolgenden Inflation bezahlten, als für 100 000 Mark gerade eine Schachtel Streichhölzer gekauft werden konnte. Nur die Familie Nissen behielt einen Anteil von 40 Hektar in der Ortslage. 1928 wurde ein größeres Terrain an den Reichsverband der Eisenbahnvereine zwecks Erbauung des „Seeheims" verkauft. Und dann wurde Rantum vom Militär entdeckt. Nördlich des Dorfs entstanden ab 1935 große Kasernenkomplexe, und Teile der Rantum-Inge wurden in den Bau des Rantum-Beckens für Wasserflugzeuge einbezogen.

Die Bebauung setzte sich nach dem Zweiten Weltkrieg fort. Glücklicherweise besaß Rantum schon seit 1908 ein Ortsstatut, das den Baustil festlegte und die Berücksichtigung der hügeligen Dünenlandschaft bei der Bebauung vorschrieb. Von der Zeit des Ersten Weltkriegs an gerechnet, ist Rantum das Sylter Dorf mit dem größten Gebäudezuwachs und zählt heute etwa 80 Häuser. 1946 erfolgte die Trennung von der selbstständig werdenden neuen Gemeinde Hörnum. Und nach dem Zweiten Weltkrieg begann auch in Rantum ein „richtiger" → *Fremdenverkehr* mit allen dazu notwendigen Einrichtungen am Strand und im Ort, von der Kurverwaltung bis zur → *Kurtaxe* und vom Strandkorbschuppen bis zum Rettungsschwimmer. Heute ist Rantum wegen seiner gelungenen Architektur und seiner Lage zwischen → *Nordsee* und Wattenmeer einer der

Oben: Rantum – Dorf in den Dünen. Sturmfluten und heranrückende Wanderdünen vernichteten das alte Rantum bis auf fünf Häuser am Ende des 19. Jahrhunderts. Erst in jüngster Zeit hat sich durch rege Bautätigkeit wieder ein großes Dorf im Auf und Ab der Dünen gebildet.

Ein Reetdachdecker bei der Arbeit. Reet war in früheren Jahrhunderten der einzige Baustoff zum Decken der Friesenhausdächer. Dank des Baubooms auf Sylt hat das Handwerk bis heute seine Bedeutung bewahrt.

meistbesuchten Badeorte an der Nordseeküste mit einem treuen, individuellen Gästestamm. Die ehemaligen fünf Häuser des alten Rantum sind modernisiert und liegen seit 1988 im Schutz eines hohen Deichs.

Reet Trockene Schilfhalme, die im Winter bei Frost geerntet werden und das Material für die Reetdächer liefern. Die auf Sylt zum Beispiel zwischen → *Kampen* und → *Vogelkoje* geernteten Mengen reichen aber nicht aus, sodass das meiste Reet auf Sylter Dächern vom Plattensee in Ungarn und aus anderen Ländern kommt.

Reiten Etwa 600 Pferde, die für den Reitsport genutzt werden, gibt es auf Sylt. Knapp 100 Kilometer Reitwege stehen zur Verfügung. Das Amt Landschaft Sylt in → *Keitum* liefert die vorgeschriebenen Pferdekopfnummern und Reiterplaketten, sozusagen das Kennzeichen für den Fall eines Konflikts mit anderen Straßennutzern. Etliche Inselbesucher bringen ihr Pferd von zu Hause mit, die anderen können in Reitställen in → *Kampen*, → *Keitum*, → *Wenningstedt*, → *Braderup*, → *Morsum* und → *Tinnum* Pferde leihen.

Einen hohen Stellenwert hat im Sommer das Ringreiten. Schon 1861 wurde das Keitumer Ringreitercorps gegründet, zu dem aber nur Offiziere Zutritt hatten. Das ließen sich die Bauern nicht gefallen und stellten 1920 einen eigenen Verein auf die Pferdebeine. Gegenwärtig gibt es acht Ringreitervereine auf Sylt, zu denen auch drei Vereine für Frauen gehören, von denen sich einer „Weiße Lanze" nennt. Beim Ringreiten kommt es darauf an, mit einem lanzenartigen Stab im Galopp einen an einem Seil hängenden Eisenring aufzuspießen. Wer die meisten Ringe getroffen hat, wird König bzw. Königin – ein teures Vergnügen, das viele Schnaps-Runden kostet.

Rettungswesen Die knapp 40 Kilometer lange Sylter Nordseeküste war früher Schauplatz vieler → *Strandungsfälle*. Und den Syltern sagt man nach, fast so tüchtige Strandräuber gewesen zu sein wie die benachbarten Amrumer. Doch sind aus dem 19. Jahrhundert auch todesmutige Rettungstaten von Syltern überliefert. Erst durch die Gründung der Deutschen Gesellschaft zur Rettung Schiffbrüchiger im Jahr 1865, die von Bremen aus das Rettungswerk an deutschen Küsten organisiert, erhielten auch Rettungsaktionen auf Sylt eine beständige Grundlage. In → *Westerland,* → *Rantum* und → *Wenningstedt* wurden Mörser für eine Leinenverbindung und bald darauf Raketenapparate mit Hosenbojen stationiert, ebenso bei → *List,* wo seit 1882 zusätzlich ein Ruderrettungsboot mit Ablaufbahn zum Strand bereitlag. Nach einem dramatischen Strandungsfall am 29. Oktober 1890 vor Wenningstedt, bei dem drei Mann der englischen Galiote „Reintjedina" und zwei Mann des zu Hilfe gerufenen Amrumer Rettungsboots „Theodor Preußer" ums Leben gekommen waren, wurde 1891 in Westerland zusätzlich ein Rettungscorps gegründet. Ruderrettungsboote in Westerland und → *Munkmarsch* vervollständigten dann zunächst die Rettungseinrichtungen, doch wurden die Aktionen im Wesentlichen von den Raketen mit Hosenbojen getragen, weil die hohe Brandung am Sylter Strand selten den Einsatz von Booten zuließ.

1929 erhielt die Station List ein erstes Motorrettungsboot, dem weitere folgten. Seit 1936 gab es in → *Hörnum* Motorrettungsboote, die besonders im Zweiten Weltkrieg zum Einsatz kamen, wenn es darum ging, abgeschossene Flugzeugbesatzungen zu retten. Während des Zweiten Weltkriegs erhielt auch Westerland ein motorisiertes Rettungsboot. Die Sylter Raketenstationen – darunter auch eine später eingerichtete bei → *Kampen* – wurden nach Kriegsende aufgelöst. Nur das Westerländer Rettungscorps blieb als Traditionsverein bestehen. Schließlich begann der Einsatz von Seenotkreuzern mit Turmaufbau mit der seit 1960 in Hörnum stationierten „Bremen".

Oben: Rettungskreuzer der Station List der Deutschen Gesellschaft zur Rettung Schiffbrüchiger. Sylt war früher die Insel der Strandungsfälle. Deshalb wurden schon bald nach Gründung der Rettungsgesellschaft im Jahr 1865 Rettungsstationen mit Raketen und Rettungsbooten eingerichtet.

Ein Ruderrettungsboot im Einsatz. In List und Westerland wurden durch die Rettungsgesellschaft zeitweilig auch Ruderrettungsboote stationiert, deren Einsatz für die Rettungsmänner aber mit Lebensgefahr verbunden war.

147

Die Modernisierung der Motorrettungsboote zu Seenotrettungskreuzern mit großem Aktionsradius bedingte die Konzentration auf List. Hier wurde das Rettungsboot „Hindenburg" Ende 1969 durch den Rettungskreuzer „H. J. Kratschke" ersetzt, dem 1979 bis 1989 die „Adolph Bermpohl" und seit 1989 die „Minden" folgten. Der Rettungskreuzer „H. J. Kratschke" schrieb 1971 tragische Geschichte, als der Vormann Max Carstens beim Abschleppen eines havarierten Schiffs durch das Reißen der Schleppleine tödlich verletzt wurde.

Das Sylter Rettungswesen wurde Ende der 1960er Jahre ergänzt durch die Stationierung eines SAR-Marinehubschraubers (SAR = Search and Rescue – Suchen und Retten) auf dem Flugplatz von Westerland. Der Hubschrauber ist 1997 nach Helgoland verlegt worden, steht aber in Notfällen weiterhin zur Verfügung.

Nachdem 1961 die Station Hörnum zunächst aufgegeben worden war, erhielt die Sylter Südspitze 1973 wieder ein Rettungsboot, dem weitere folgten.

Rømø Die dänische Insel nördlich von Sylt ist vom Festland aus über einen Autodamm und ab → *List* mittels der Fährlinie erreichbar. Rømø ist etwa 80 Quadratkilometer groß und besteht größtenteils aus flachen, dicht bewachsenen → *Dünen*, ausgedehnten Heideflächen mit Nadelgehölzen sowie aus landwirtschaftlicher Nutzfläche auf der Ostseite der Insel. Es gehört aber nicht zu den Nordfriesischen Inseln, sondern war immer von Jüten bzw. Dänen besiedelt. Die Inselbewohner nahmen teil an → *Seefahrt* und Walfang und stellten vor allem im 17. und 18. Jahrhundert in Hamburg zahlreiche Kommandeure. → *Grabsteine* auf dem Friedhof der St.-Clemens-Kirche in Kirkeby sowie der Kommandeursgaarden erinnern an diese Zeit. Die wichtigste heutige Erwerbsquelle ist – wie auf Sylt – der → *Fremdenverkehr*, konzentriert in Lakolk, aber auch andernorts an der Westküste, wo Sommerhäuser das Bild der Landschaft prägen. Vor der gesamten Westküste liegt eine gewaltige, mancherorts mehrere Kilometer breite Sandbank, deren nördlichster Teil (Juvre Sand) mitsamt den dortigen Inseldünen unter → *Naturschutz* steht, während die übrige Fläche dem Fremdenverkehr dient und auch mit Autos befahren wird. Die Sandmassen vor Rømø dürften zum guten Teil – nach Umwanderung des Lister Tiefs – von Sylt stammen.

Rosa rugosa So lautete der wissenschaftliche Name einer in der Landschaft und in den Inselgärten weit verbreiteten stängelstacheligen Rose. Ihr gewöhnlicher Name ist Kartoffelrose, und ihre Heimat ist Kamtschatka in Ostasien. Rosa rugosa, auch „Sylt-Rose" genannt, wurde schon in der ersten Hälfte des 20. Jahrhunderts wegen ihrer geringen Ansprüche an die Bodenqualität und ihrer Widerstandskraft gegen Wind und → *Wetter* auf Sylt eingeführt.

Ross, Gustav (geb. 29.9.1818 in Alte Koppel, gest. 8.5.1861 in Altona), Arzt. Ross kam 1857 mit Familie und Dienstboten nach → *Westerland*, als das Seebad gerade seine ersten Schritte getan hatte. Er ermunterte die Sylter Seebadgründer bei ihrem Vorhaben, machte Westerland durch Publikationen bekannt und hielt bei der Einweihung des ersten Hotel-Restaurants „Dünenhalle" am 29. September 1857 eine bemerkenswerte Rede, die noch heute gerne zitiert wird. Dr. Ross pries die Natur der Insel „mit so herrlichen Eigenschaften zu einem Seebad. Deshalb erkennt dankbar an, dass das offene Auge einiger unter Euch diesen Fingerzeig der Natur nutzte. Im Verkehr mit den Badegästen wird sich euer Gesichtskreis erweitern ... der gesunde Sinn aber, der euch auszeichnete und über alle Meere der Welt führte ... dieser Sinne wird euch leiten, von dem dargebotenen Neuen bloß das Gute zu behalten ..."

Rotes Kliff Nördlich von → *Westerland* steigt die eiszeitliche → *Geest* zunehmend an und bildet hier als Abbruchkante zur → *Nordsee* das urtümliche Rote Kliff, das vor → *Wenningstedt* mit fast 30 Metern Höhe seinen höchsten Punkt erreicht und nach einer Gesamtlänge von über vier Kilometern bei „Kliffende" nördlich von → *Kampen* unter den dortigen → *Dünen* abfällt. Der ursprüngliche graue Geschiebelehm der Saaleeiszeit hat durch Eisenverfärbung eine braungelbe Farbe bekommen, die besonders im Abendlicht ihre Wirkung entfaltet und dem Kliff seinen Namen gab. Der untere Teil des Kliffs besteht aus Ablagerungen vorheriger Erdzeiten, und besonders auffällig ist nach Sturmfluten und frischen Abbrüchen der weiße Kaolinsand, während auf der Oberkante des Roten Kliffs das diluviale „Steinpflaster" mit seinen skandinavischen Geröllen zutage liegt.

Seit 1985 ist das Rote Kliff einige Male in → *Sandvorspülungen* einbezogen worden, sodass die überwältigende Kliffhöhe optisch herabgesetzt worden ist. Doch sorgen → *Sturmfluten* immer wieder für den Abbau des vorgespülten Sands und greifen auch das Kliff an, sodass es unverändert zurückgesetzt wird. Besonders auffällig ist dies vor dem Haus „Kliffende", wo durch privaten Küstenschutz des Besitzers ein Landvorsprung ausgebildet ist, dessen Spitze den Kliffverlauf vor 40 Jahren markiert. Merkzeichen für den Abbruch des Roten Kliffs sind auch die an der Kante plötzlich endenden Wanderwege sowie die 1969 verschwundene „Sturmhaube".

Sagen Wenige andere Landschaften in Europa weisen einen ähnlich großen Sagenschatz auf wie Sylt. Fast alle vor- und frühgeschichtlichen Bodendenkmäler sind mit Sagen verbunden. Es wimmelt im alten Sylt vom Zwergenvolk der Unterirdischen, von Troolern (Hexen), Pukleuten und Schattenvögeln. Das sogenannte Vorbrennen kündete

Das Rote Kliff – von Wenningstedt bis Kampen – ist eine der urtümlichsten Landschaften der Insel Sylt. Zwar wird es zeitweilig durch Sandvorspülungen geschützt, doch greift die Nordsee kontinuierlich an und bildet den Kliffcharakter wieder aus.

Rosa rugosa. Aus dem Fernen Osten stammend, hat sich dieser stachelige Strauch an der Nordseeküste stark verbreitet. Die großen orangefarbenen Hagebutten werden für Tee und Marmelade geerntet und bieten zahlreichen Vögeln im Herbst und Winter Nahrung.

durch Feuerzeichen ein Unglück an, das Stavenwüfki, eine nebelartige Gestalt, wachte seufzend über verwüstete und verlassene Wohnstätten, und der Meermann → *Ekke Nekke-pen* samt seiner Gattin → *Ran* und anderen Meeres-, Dünen-, Haus- und Himmelsgeistern beschäftigten die Fantasie der Sylter. Der Sylter Chronist Christian Peter → *Hansen* hat diese Sagen den Bewohnern des sterbenden Dorfs → *Rantum* abgelauscht und der Nachwelt überliefert.

Salzflora Salzverträgliche Pflanzen, die auf den Vorlandwiesen und auf sandigen Uferzonen wachsen, sind zum Beispiel → *Queller*, Schlickgras, Milchkraut, Strandbeifuß, Strandaster, Salzschuppenmiere, Strandmelde, Salzmiere, Binsenquecke, Salzkraut, Meersenf, Stranddistel und Strandroggen.

Samoa Verträumte Südseeinsel, auf Sylt aber Bezeichnung für den → *FKK*-Badestrand südlich von → *Rantum*. Angeblich rührt der Name daher, dass der Pächter des zugehörigen Parkplatzes einmal auf Samoa war.

Sandvorspülungen Nachdem sich alle Festwerke längs der Sylter Nordseeküste nicht bewährt hatten, wurden ab 1972 mit Sandvorspülungen ganz neue Wege des → *Küstenschutzes* beschritten. Bei der ersten Sandvorspülung bei → *Westerland* wurde der Sand aus dem → *Watt* vor → *Archsum* entnommen und über eine sechs Kilometer lange Rohrleitung über Land zum Westerländer Strand geleitet. 1978 wurde die Sandvorspülung vor Westerland wiederholt, wobei in der Rantumer Bucht eine Sandinsel entstand, die heute ein fuchssicheres Brutgebiet für Seevögel ist.

Die nächsten Sandvorspülungen erfolgten 1983 und 1986 vor → *Hörnum*, wobei der Sand von einem Hopperbagger aus dem → *Vortrapptief* entnommen, zu einer Pumpstation am Hörnumtief befördert und von dort über Land dem Hörnumer Strand vorgespült wurde. Insgesamt wurde mit 1,6 Millionen Kubikmetern Sand ein 3,2 Kilometer langer

Aufgespülte Sandmassen werden in die Strandzone einplaniert. Nachdem alle Mühen, mit Festwerken die Sylter Küste zu schützen, vergeblich waren, wird nun der Substanzverlust durch Sandvorspülungen ausgeglichen. Die Sandmassen für die Vorspülungen werden auf See vor Sylt von sogenannten Hopperbaggern aufgenommen und über Rohrsysteme auf den Strand gespült.

Küstenabschnitt in einer Breite von 60 Metern aufgespült. Die Sandentnahme aus dem Vortrapptief rief jedoch Proteste auf → *Amrum* hervor, weil hier Verluste am Kniepsand zu verzeichnen waren, die man der Entnahme zuschrieb. Auch der Jungnamensand vor Amrum verlor auffallend an Substanz, sodass sich die Amrumer ihres natürlichen Schutzes beraubt sahen.

Die seitdem an fast allen Sylter Stränden zwischen Hörnum und List wiederholt durchgeführten und bis heute aktuellen Sandvorspülungen erfolgen durch Sandentnahme vor der Sylter Küste. Hier saugt ein Hopperbagger das Spülgut vom Meeresboden und leitet es über eine vor dem Strand schwimmende Rohrleitung auf den jeweiligen Strandabschnitt, wo die Sandmassen von Planierraupen eingearbeitet bzw. bei der nächsten höheren Flut ganz natürlich in die Strandzone eingebunden werden.

Eine Sandvorspülung kostet bis zu sechs Millionen Euro. Kein Wunder, dass der Staat dabei auch eine Eigenbeteiligung der jeweiligen Gemeinde reklamiert, weil diese vom Schutz und vom Strand profitiert und es auf Sylt von Millionären wimmelt. Von Sylter Seite aber wird darauf hingewiesen, dass Küstenschutz eine Aufgabe des Staates sei und eine Sandvorspülung billiger ist als ein Deichbau an der Festlandküste oder rund um eine Marscheninsel. Der Vorteil der Sandvorspülung ist die natürliche Bewahrung des Strandes und die Vermeidung landschaftsverschandelnder Festwerke. Der Nachteil besteht darin, dass die aufgespülten Sandmassen durch die Nordsee wieder abgebaut werden und bedingt durch den stark abfallenden Sylter Küstenfuß spätestens nach fünf Jahren verschwunden sind.

Sansibar Denselben Namen wie die Insel an der Ostküste Afrikas trägt auf Sylt ein → *FKK*-Badestrand zwischen → *Rantum* und → *Hörnum*. Aus dem ursprünglichen Kiosk am Strand entwickelte sich eine äußerlich schlichte Baracke, die dennoch als Restaurant mit bemerkenswertem Weinlager zu Ruhm gelangte und derzeit als Prominententreff gilt.

Schafe sind die häufigsten Nutztiere auf Sylt, noch verbreiteter waren sie in älterer Zeit, als sie zeitweilig freie Weide hatten. Als Wolllieferanten zwecks Herstellung von Strickwaren sind die Tiere von großer Wichtigkeit. Heute gibt es noch rund 3000 Schafe auf Sylt, sodass auf jeden elften Sylter ein Schaf kommt. Die meisten Schafe werden im Listland gehalten.

Schullandheime Neben den traditionellen Erholungs- und Freizeitheimen zählt die Insel fünf Schullandheime, die fast ganzjährig ausgebucht sind. Das Heim an der Kampener → *Vogelkoje*, ein ehemaliges Marinelager, wurde von der Stadt Hamburg nach dem Ende des Ersten Weltkriegs 1919 eingerichtet. Ebenfalls aus Militärbaracken entwickelte sich nach dem Ersten Weltkrieg das Erholungs- und Schullandheim → *Puan Klent* in den → *Dünen* zwischen → *Rantum* und → *Hörnum*, das heute über 300 Betten verfügt. Anfang der 1920er Jahre richteten Eltern und Lehrer der Hamburger Realschule an der Bogenstraße (später Bismarck-Gymnasium) das Nordseeheim in → *Wenningstedt* mit 145 Betten ein. Leerstehende ehemalige Wehrmachtsgebäude wurden für das Fünf-Städte-Heim Pinneberg in Hörnum genutzt, das am 20. Mai 1948 seine Tore für Jugendliche öffnete und heute mit 550 Plätzen das größte Schullandheim auf Sylt ist. 400 Plätze hat das Schullandheim der ADS (Arbeitsgemeinschaft Deutsches Schleswig), das im Mai 1951 in einer ehemaligen Wehrmachtskaserne bei Rantum eingerichtet wurde.

Schweinswal Der mit nur 1,50 bis 1,85 Meter Länge kleinste Wal gehört zur Familie der Zahnwale *(Odontoceti)* und kommt im Nordpazifik und im Nordatlantik, aber auch noch im Mittelmeer und im Schwarzen Meer vor. Der

In etlichen Sylter Stuben hängen noch sogenannte Kapitänsbilder mit Segelschiffen, die in der Seefahrerzeit von Sylter Kapitänen über alle Meere der Welt geführt wurden, hier die Bark „Cid" der Hamburger Reederei Eggers, Kapitän Jens Dirk Thiesen.

Kapitän Cornelius Lorenz Boysen (1814–1893) führte Segelschiffe der Altonaer Reederei Dreyer über alle Meere der Welt, unter anderem von 1854 bis 1863 die „Fortunata".

Schweinswal, auf den Inseln auch Tümmler genannt, hat sich nach einem zeitweiligen Tiefstand der Population Mitte des 20. Jahrhunderts seit einiger Zeit wieder vermehrt und taucht besonders im Seebereich vor Sylt und → *Amrum* auf. Die Rückenfinne und der halbe Rücken ragen aus dem Wasser, wenn der Wal zum Atmen auftaucht. Zu seinem Schutz wurde 1999 vor Sylt und Amrum der → *Nationalpark Wattenmeer* um ein Walschutzgebiet erweitert.

Seefahrt Fast 1000 Jahre, von der Einwanderung der → *Friesen* im 8./9. Jahrhundert bis zum Beginn des 20. Jahrhunderts, war das Leben auf Sylt von der See geprägt: durch die → *Fischerei* auf der → *Nordsee*, den Walfang im Eismeer und die Handelsseefahrt auf allen Meeren der Welt. Sylt stellte zahlreiche Mannschaften auf eigenen Küstenfrachtern sowie auf Walfängern und Handelsschiffen vom Schiffsjungen bis hinauf zum Kommandeur, Sylter Kapitäne führten die Segelschiffe Kopenhagener, Flensburger, Hamburger und Altonaer Reeder in alle Winkel der Welt. Nahezu die gesamte männliche Bevölkerung der Insel fuhr zur See, wobei neben gutem Verdienst aber auch hohe Todesraten durch Unglücksfälle, tropische Krankheiten (zum Beispiel Gelbfieber) oder Mangelkrankheiten wie Skorbut zu verzeichnen waren. Beispielsweise verloren im ersten Viertel des 19. Jahrhunderts – trotz jahrelanger Unterbrechung der Seefahrt infolge der napoleonischen Kriegswirren – rund 200 Sylter Seeleute ihr Leben. Schon die Überfahrt zu den Handelsstädten mit kleineren Küstenfrachtern forderte dramatische Verluste, so etwa im März 1744, als das Schiff des Morsumer Kapitäns Theide Bohn vor Sylt kenterte und über 80 Männer ertranken, deren Leichen zum Teil an den Sylter Strand trieben und dort von den Angehörigen gesucht und nach Hause gebracht wurden. So war Sylt als Insel der Seefahrer auch jahrhundertelang Insel der Witwen und Waisen, die unter heute nicht mehr vorstellbaren Bedingungen lebten. Deshalb fuhren die Knaben spätestens ab dem zwölften Lebensjahr zur See. Zur Förderung der Seefahrt wurden auf Sylt Seefahrerschulen eingerichtet, betrieben von altgedienten Kapitänen und Kommandeuren, die ihr Wissen an die Jugend weitergaben.

Im → *Heimatmuseum* in → *Keitum*, aber auch in etlichen Privathäusern erinnern Kapitänsbilder, Ölgemälde von Segelschiffen sowie sonstige Zeugnisse an diese einzigartige, tragische und großartige Zeit.

Seehunde Die zur Familie der Robben gehörenden Meeressäugetiere sind gegenwärtig an der Nordseeküste so häufig wie nie zuvor. Im Seebereich vor Sylt sind sie vor allem auf Sänden am Lister Tief sowie südlich von Sylt auf Hörnumknob und anderen Seesänden anzutreffen. Ausflugsschiffe unternehmen von → *List* und → *Hörnum* aus Touren dorthin. Im Juni werden die Jungen geboren und gelegentlich als „Heuler" am Inselstrand gefunden. Früher wurden Seehunde als Konkurrenten der → *Fischerei* und als Lieferanten von Tran und Fellen gnadenlos gejagt, ehe sie 1935 durch das Reichsjagdgesetz eine Schonzeit erhielten und ab 1973 die Bejagung vollständig eingestellt wurde.

Seeschwalben Möwenverwandte, weiße Seevögel mit dunklen Kopfplatten. Fluss- und Küstenseeschwalben, Brand- und Zwergseeschwalben kommen im Inselbereich bzw. auf der fuchssicheren Sandinsel → *Uthörn* und im → *Watt* bei → *Archsum* vor. Bis zum Beginn des 20. Jahrhunderts brütete auch die möwengroße Raubseeschwalbe auf dem → *Ellenbogen* bei → *List*. Seeschwalben bilden – wie → *Möwen* – in der Regel lockere bis dichte Brutkolonien, sind aber keine Allesfresser, sondern leben ausschließlich von Fischen, die sie stoßtauchend erbeuten. Seeschwalben sind Sommergäste. Im Winter ziehen einzelne Arten bis zum Eisrand der Antarktis.

Seehund auf einer Sandbank bei Sylt. Der Seehund gilt als Symboltier des Umweltschutzes, weil der Bestand an der Nordseeküste in den 1960er Jahren sehr dezimiert war. Inzwischen ist diese Robbenart aber wieder so häufig, dass Seuchen (Staupeviren) die Übermengen reduzieren.

Flussseeschwalbe am Nest mit Jungen. Erst im April kehren die heimischen Seeschwalbenarten aus ihren Winterquartieren an süd- und westafrikanischen Küsten zurück und ziehen schon vor Ende des Sommers wieder davon.

Söl'ring Sylterfriesisch ist eine eigenständige küstengermanische Sprache, die selbst von Plattdeutsch Sprechenden nicht zu verstehen ist. Aber auch das Friesische auf den Nachbarinseln → *Föhr* und → *Amrum* ist schon so abweichend, dass es Verständigungsschwierigkeiten gibt. Die vor etwa 1000 Jahren, zur Zeit der Einwanderung der → *Friesen*, identische Sprache hat sich durch die Isolierung der Inseln entsprechend auseinanderentwickelt. Bis Mitte des 19. Jahrhunderts war die Umgangssprache auf Sylt ganz überwiegend Friesisch. Die amtlicherseits und von der Kirche sowie in Briefwechseln der Insulaner verwendete Schriftsprache jedoch war schon seit dem Mittelalter Deutsch. Erst in den 1970er Jahren einigten sich die Friesisch Sprechenden auf Sylt, Föhr, Amrum, Helgoland, den Halligen und auf dem Festland nach einigem Hin und Her auf eine einheitliche Schrift, die aber eher akademischen Charakter behielt und kaum etwas daran änderte, dass weiterhin in deutscher Sprache geschrieben wird, auch wenn man miteinander Friesisch spricht. Einflüsse wie der → *Fremdenverkehr*, Einwanderung, Einheirat, die Erziehung in Kindergarten und Schule sowie das Fernsehen bedrängen das Friesische derart, dass auch anhaltende Bemühungen, wie sie zum Beispiel von der → *Söl'ring Foriining* ausgehen, den Rückgang nicht aufhalten werden. Zudem wird das Friesische aufgelöst durch eine Vielzahl moderner Begriffe aus Technik und Wissenschaft, für die es keine friesischen Wortbildungen mehr gibt. In der nächsten, spätestens übernächsten Generation dürfte das Söl'ring der Vergangenheit angehören.

Söl'ring Foriining Der Sylter Verein wurde im Jahr 1905 mit dem Ziel gegründet, das → *Altfriesische Haus* in → *Keitum* zu erwerben, um es originalgetreu der Nachwelt zu erhalten. Schon 1908 konnte auch das 1759 von Kapitän Uwe Peters in Keitum erbaute Haus aufgekauft und als → *Hei-*

matmuseum eingerichtet werden. Die Söl'ring Foriining wurde aus der Befürchtung ins Leben gerufen, dass der → *Fremdenverkehr* und der Zustrom von Fremden die Eigenarten des friesischen Insellebens bedrohten. So stand von Anfang an auch die Pflege des → *Söl'ring*, der friesischen Sprache, im Vordergrund der Bemühungen, denen man sich unverändert verpflichtet fühlt. Mit dem Ankauf des Großsteingrabs → *Denhoog* bei → *Wenningstedt* (1928) sowie der Pachtung der Kampener → *Vogelkoje* zwecks Bewahrung ihres ursprünglichen Zustands wurden weitere Schwerpunkte der Vereinsarbeit gesetzt. In den letzten Jahrzehnten trat aber auch das Engagement für den → *Küstenschutz* immer stärker in den Vordergrund. Die Söl'ring Foriining zählt rund 1800 Mitglieder, darunter viele Auswärtige, die sich für Sylt engagieren.

Sonnenbrand In der Anfangszeit des Badelebens wurde streng darauf geachtet, dass kein Sonnenstrahl das Antlitz bräunte. Wallende Kleider, die alle Körperteile verhüllten und schützten, sowie Sonnenschirme und breitrandige Strohhüte waren in Mode. Ob es ein Modetick war, blass zu bleiben, ist nicht mehr bekannt. Vermutlich gab es aber schon damals versierte Badeärzte, die genau wussten, dass sich Nordgermanen nicht unbedingt zum Bräunen eignen und dass der heutige Idealzustand kräftiger Bräune Hautkrebs und Hautfalten fördert.

Sonnenland Die Sommerhaussiedlung an der → *Blidselbucht* ist indirekt ein Produkt des Zweiten Weltkriegs. Weil die Wehrmacht bei der Inanspruchnahme von Gelände für ihre Anlagen rund um → *List* nicht zimperlich gewesen war, erhielten die Besitzer des Geländes als Entschädigung 1961 das Recht, Dünengelände längs der Blidselbucht als Bauland zu verkaufen. Dazu wurde der für das Gebiet seit 1923 geltende → *Naturschutz* aufgehoben. Das Geschäft machten dann aber weniger die Listlandbesitzer, sondern

Oben: „Sonnenland" – Siedlung an der Blidselbucht im Listland. Diese und die benachbarten Siedlungen entstanden erst nach dem Zweiten Weltkrieg als Entschädigungsmaßnahme für Enteignungen der Wehrmacht gegenüber den Listlandbesitzern.

St. Nicolai – „Stadtkirche" von Westerland. Die kleine „Dorfkirche" im schnell wachsenden Badeort konnte die Besucher schon vor 1900 nicht mehr aufnehmen. Deshalb wurde auf Initiative von Pastor Gleiß 1906 der Grundstein für die heutige Kirche St. Nicolai gelegt, 1908 unter Leitung des Architekten Bomhoff vollendet.

vielmehr der damalige Bürgermeister von List, Dr. Hisam, der das Gelände bebauen ließ.

St.-Martin-Kirche Die vielleicht älteste Kirche von Sylt ist St. Martin zu → *Morsum.* Sie hat keinen Turm und ragt deshalb – obwohl auf einer Anhöhe gebaut – kaum über die umliegenden Häuser hinaus. Statt des Turms hat St. Martin nur ein schwarz geteertes Glockengestell mit einer Glocke von 1767. Der spätromanische, weiß getünchte Bau mit Schiff, Chor und Apsis hat seine ursprüngliche Form noch weitgehend bewahrt. Zum auffälligsten Inventar gehört ein alter Altaraufsatz mit derbem Schrein, der in der Mitte Gottvater mit dem toten Christus zeigt, links den Kirchenpatron St. Martin und rechts vermutlich St. Severin. Auf den Seitenflügeln sind die zwölf Apostel dargestellt. Der Altaraufsatz, an der Nordwand hängend, stammt aus der Zeit um 1500. Die Kanzlei zeigt auf acht Feldern vergoldete Szenen aus dem Leben Jesu. Bemerkenswert ist auch der gotländische Taufstein aus dem 13. Jahrhundert. Den prächtigen Kronleuchter stiftete das Ehepaar Jan Petersen Hahn und Frau Ing (Engel). Der Ehemann, geboren 1670, war Kommandeur Hamburger Walfangschiffe und ein Bruder des Lorens Petersen de → *Hahn.* Sehr viel jüngeren Datums, aber auch eindrucksvoll in ihrer Gestaltung sind die bunten Glasfenster in der Apsis von der Hand der Flensburger Künstlerin Käthe Lassen.

St.-Nicolai-Kirche („Dorfkirche" St. Niels) Das Gotteshaus zu → *Eidum* musste im 14. Jahrhundert dem Abbruch der Küste weichen und wurde dann so weit östlich des Dorfs Eidum erbaut, dass es den Untergang dieses Orts – vermutlich im Gefolge der großen Sturmflut im Jahr 1436 – überstand und noch bis 1634 von den Bewohnern des neuen Dorfs → *Westerland* genutzt werden konnte. Erst 1635 erfolgten der Abbruch und der Wiederaufbau im Ort Westerland, wo St. Nicolai als „Dorfkirche" St. Niels (fries.

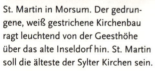

St. Martin in Morsum. Der gedrungene, weiß gestrichene Kirchenbau ragt leuchtend von der Geesthöhe über das alte Inseldorf hin. St. Martin soll die älteste der Sylter Kirchen sein.

Oben: Altaraufsatz in der Morsumer Kirche, aus der Zeit um 1500 stammend. Im Mittelschrein hält Gottvater den toten Christus, flankiert von den Bischöfen St. Martin und St. Severin. In den Flügeln die zwölf Apostel.

St. Nicolai – „Dorfkirche" St. Niels im alten Westerland. Nach dem Untergang des Dorfes Eidum – Vorläufer von Westerland – musste auch die Kirche 1635 auf den heutigen Platz verlegt werden, ist aber Ende des 19. Jahrhunderts bedeutend vergrößert worden.

für Nicolaus) noch heute vorhanden ist. Entsprechend der wachsenden Einwohnerzahl Westerlands wurde diese Kirche mehrmals erweitert, so auch im Jahr 1789, als der Strandvogt Broder Hansen → *Decker* den größten Teil der Kosten trug. Eine Tafel im Kirchenschiff erinnert daran, dass die „Reparatur in Einigkeit … nach vielem Streit" zustande kam. Eine andere Gedenktafel erinnert an die Beerdigung einer Strandleiche, des reichen englischen Kaufmanns Daniel Wienholt, der vor der holländischen Küste mit dem Handelsschiff → *„Lutine"* verunglückt war. Aus Dankbarkeit stiftete die Londoner Familie der Kirche 500 Taler für den Bau einer Orgel. Zu den wertvollsten Ausstattungsstücken gehört der Altaraufsatz aus dem 15. Jahrhundert mit Apostel- und Bischofsfiguren sowie einer Marienkrönung im Mittelschrein. Ob dieses Werk aus der Eidumer Kirche oder aus einer anderen versunkenen oder versandeten Sylter Kirche stammt, ist ungeklärt. Nach der Gründung des Badeorts musste die „Dorfkirche" erneut vergrößert werden und erhielt schließlich 1876 einen Turmanbau anstelle des frei stehenden Glockenhauses. Unverändert aber blieb die besondere Atmosphäre der „Dorfkirche" im Schatten einer schnell wachsenden und unruhig werdenden Badestadt und der neuen, 1908 errichteten „Stadtkirche" St. Nicolai (→ *Kirchen für Inselgäste*).

St.-Severin-Kirche Die St.-Severin-Kirche bei → *Keitum* wird wegen ihrer Dominanz im Landschaftsbild der Insel allgemein als Hauptkirche von Sylt betrachtet. Dazu trugen auch ein sehr populärer Pastor und ein hoch qualifizierter Organist bei.

Das Gotteshaus wurde – wie übrigens auch andere → *Kirchen* – auf ehemaligen heidnischen Stätten erbaut, um der Bevölkerung den Übergang zum Christentum zu erleichtern. Der erste Bau entstand im 12. Jahrhundert, wobei es sich anfangs wahrscheinlich um eine Holzkirche gehan-

St. Severin in Keitum. Auf hoher Inselgeest liegend grüßt die Keitumer Kirche den über den Hindenburgdamm anreisenden Sylt-Besucher schon von Weitem. Sie soll um das Jahr 1200 entstanden sein, gleichzeitig mit St. Johannis auf Föhr und der „Alten Kirche" auf Pellworm. Der Baumeister, ein Engländer, ritt mit dem Pferd von Baustelle zu Baustelle, was damals noch möglich war.

Im Kirchenschiff von St. Severin in Keitum. Während der Sommersaison kann die Kirche den Andrang der Besucher kaum fassen.

delt hat. Schiff, Chor und Apsis der heutigen Kirche ruhen auf einem Granitsockel. Granitsteine bilden auch den Sockel des Turms, der aber erst im 15. Jahrhundert errichtet wurde. Ein gespaltener Findling soll → *Ing und Dung* darstellen, zwei Frauen, die einer Legende zufolge den Turmbau finanziert haben sollen. Bemerkenswert sind die getrennten Eingänge für Männer und Frauen im Norder- bzw. Süderportal. Noch weit bis in das 19. Jahrhundert hinein wurde diese Trennung aufrechterhalten. Der Altaraufsatz mit dem Gnadenstuhl im Mittelschrein stammt vom Ende des 15. Jahrhunderts. In den Seitenflügeln sind die zwölf Apostel dargestellt, die, wie die Figuren im Mittelschrein, vor dem vergoldeten Hintergrund des in jüngster Zeit renovierten Altaraufsatzes besonders betont werden. Die Kanzel stammt aus der Zeit um 1580 und wurde der Kirche vom damaligen Pastor Cruppius geschenkt, nachdem dieser sie 1699 für zehn Taler von der Kirche zu Mögeltondern erworben hatte. Das älteste Ausstattungsstück in der Keitumer Kirche ist der romanische Taufstein aus Bentheim. Er wird auf das 12. Jahrhundert datiert. Die Kronleuchter im Chor und über dem Mittelgang sind Stiftungen Sylter Ehepaare vom Ende des 17. Jahrhunderts. Eine Stiftung war auch die Orgel, die der in London lebende Sylter Kapitän Fröd Frödeny 1787 seiner Heimatkirche vermachte. Sie wurde im November 1999 durch eine neue Orgel ersetzt, für die ein anonymer Spender eine Million Mark gestiftet hat. Das Gemälde an der Orgelbrüstung zeigt den Inselchronisten Christian Peter → *Hansen*, der Lehrer und Organist in St. Severin war.

Strandgut Ob → *Bernstein* oder Weinfass, Wrackholz oder Baumwollballen, alles was am Strand angetrieben wird, gilt als Strandgut, das – falls es sich um ein Wertobjekt handelt – dem Staat gehört. Bis 1990 wurden für die Bergung und Weiterbehandlung des Strandguts → *Strandvögte* eingesetzt. Heute gilt das „Fundrecht": Finder von Strandgut können Funde bei den Ordnungsämtern melden – oder auch nicht.

Strandhafer Die dominierende Pflanze der → *Dünen* wurzelt tief im feuchten Untergrund und rollt gegen Verdunstung in Wind und Sonne ihre spitzen Blätter ein, sodass sie auch Sandverwehungen schadlos übersteht. Als Stallstreu und als Material für die Herstellung von → *Halmreepen* spielte der Strandhafer früher eine große Rolle. Nach wie vor wird er zur Bepflanzung und Festlegung von → *Wanderdünen* und Sandflächen am Strand genutzt. Im Hochsommer trägt der Strandhafer seine langen Ähren, deren Samen vom Wind verstreut werden.

Strandungsfälle Sylt war die Insel der Strandungsfälle. Insgesamt wurden vom Ende des 17. Jahrhunderts bis zur Gegenwart knapp 400 Schiffsstrandungen registriert. Und der Chronist Christian Peter → *Hansen* fragte: „Wie viele Todesschreie hat der Sturm verweht, wie viel wertvolles Gut ist in die Tiefe gesunken?" Kaum ein Sturm verlief ohne Strandungsfall. Für die Insulaner brachte die Strandung eines Schiffs legalen oder illegalen Gewinn: Wer bei der ordnungsgemäßen Bergung eines Schiffs unter Leitung des → *Strandvogts* mithalf, wurde am Bergelohn beteiligt. Aber auch die Strandräuberei, das heimliche Bergen von Strandgut, stand in höchster Blüte, und nicht selten mussten Sylter als Strandräuber vor Gericht. Gefängnisstrafen waren die Folge. Strandungsfälle waren aber nicht nur mit der Aussicht auf Gewinn verbunden, sondern führten nicht selten auch zu aufopferungsvollen Rettungsaktionen. In einigen Fällen versuchten Sylter unter Einsatz des eigenen Lebens, mit kleinen Booten oder schwimmend, gestrandete Schiffe zu erreichen, um deren hilflose Besatzungen zu retten. Erst im Lauf des 20. Jahrhunderts ging, bedingt durch den Ausbau des Seezeichenwesens,

Hunderte von Schiffen strandeten vor Sylt und versanken oft mit „Mann und Maus" in der Tiefe. Das am 15. März 1915 zwischen Rantum und Westerland aufgelaufene amerikanische Vollschiff „Pass of Balmaha" kam jedoch mit Schlepperhilfe wieder frei und wurde als Kaperschiff „Seeadler" unter dem Kommando von Felix Graf Luckner im Ersten Weltkrieg berühmt.

Der Strandhafer ist die beherrschende Pflanze der Dünen. Tief wurzelt sie im Sand und kann auch der Verschüttung von Wanderdünen widerstehen. Wo Dünen festgelegt werden sollen, werden sie mit Strandhafer bepflanzt.

verbesserte Navigation sowie den Antriebswechsel von Segeln zu Dampf und Diesel, die Zahl der Strandungsfälle zurück. Dennoch gab es auch danach noch dramatische Fälle, so am 19. Oktober 1935 die Strandung des französischen Dampfers „Adrar" bei Buhne 31 nahe → *Klappholttal* oder am 18. Oktober 1991 die Strandung des Küstenmotorschiffs „Diane" bei → *Rantum*. Während aber früher fast alle gestrandeten Schiffe nicht mehr zu retten waren, gelang es in den letztgenannten Fällen, die Schiffe mit großem Aufwand wieder flott zu machen.

Strandvogt Von Königen und Herzögen eingesetzter Beamter, der dafür sorgen sollte, dass bei Strandgut- und Schiffsbergungen die Obrigkeit ihren Anteil bekam. Dieser Anteil betrug bis zum Jahr 1803 ein Drittel, sodass der Landesherr nicht weniger von → *Strandungsfällen* profitierte als die Insulaner. Erst mit dem neuen Strandgesetz von 1803 beschloss der Landesherr, „seinen Drittteil gänzlich nachzulassen", sodass Reeder, Kapitäne und Kaufleute fortan nur noch die Berger mit einem Drittel des geborgenen Werts entlohnen mussten.

Strandvögte lassen sich seit dem 13. Jahrhundert, seit König Waldemars Zeiten, nachweisen. Sie kamen aus der Inselbevölkerung und hatten oft keinen leichten Stand unter ihren Landsleuten – mussten sie doch den Gesetzen, auf die sie „Gott allein vor Augen" einen „heiligen Eid" geleistet hatten, Genüge tun und die Strandräuberei verhindern. Als der Rantumer Strandvogt Niß Bohn im Jahr 1694 drei Männer und vier Frauen aus → *Rantum* wegen Strandräuberei vor Gericht gebracht hatte, wurde er wenig später auf seiner Hochzeit im Tumult der Feier von unbekannter Hand erstochen. Weil die Obrigkeit den Strandvögten nicht traute, wurde Mitte des 18. Jahrhunderts ein Strandinspektor als Oberaufsicht über die Strandvögte eingesetzt. Erster Strandinspektor war der Grönlandkommandeur Lorens Petersen de → *Hahn*. Strandvögte waren bis 1865 nicht nur für die Bergung der Schiffsgüter und der gestrandeten Schiffe zuständig, sondern auch für die Rettung der Schiffbrüchigen, ehe diese Aufgabe von der Deutschen Gesellschaft zur Rettung Schiffbrüchiger übernommen wurde. Und wenig später verloren die Strandvögte auch das lukrative Geschäft der Schiffsbergungen an Hamburger Bergungsfirmen, die mit modernen Schleppern zur Stelle waren. Den Strandvögten – auf Sylt deren vier, für Rantum-Hörnum, → *Westerland,* → *Kampen* und → *List* – blieb jetzt nur noch das Bergen lose antreibender Güter, ehe am 1. Juli 1990 die Strandvogteien aufgelöst wurden, da das Strandgut dem Fundrecht und den Amtsverwaltungen zugeordnet wurde.

Sturmfluten Sollten auf Pellworm oder Nordstrand in einer Orkanflut die → *Deiche* brechen, sind Tausende von Menschenleben in den überfluteten → *Marschen* in Gefahr. Die Einwohner Sylts hingegen sind durch die hohe Insellage so gut geschützt, dass kaum jemand ertrinken würde. Und doch wird diese Insel mit ihrer knapp 40 Kilometer langen Westküste wie keine andere bei Sturm- und Orkanfluten tangiert. Alte und rekonstruierte Landkarten zeigen Sylt als eine große Insel. Tatsächlich hat es sowohl nach Westen als auch nach Osten vor Jahrtausenden größere Landgebiete gegeben, die dem nacheiszeitlichen Anstieg des Meeresspiegels und Sturmfluten zum Opfer gefallen sind. Alt-List, Alt-Wenningstedt, → *Eidum*, Alt-Rantum und vermutlich auch ein Ort namens Steidum im heutigen → *Watt* nahe → *Archsum* verschwanden im Meer. Wann dies genau geschah, ist unbekannt. Sehr hohe Fluten waren die Katastrophe vom 15./16. Januar 1362, als der Hafenort Rungholt nahe der heutigen Hallig Südfall unterging, die „Allerheiligenflut" 1436, die wahrscheinlich den Untergang von Eidum einleitete, die Sturmflut vom 11. Oktober

Oben: Sturmflut – der „Blanke Hans" in Aufruhr. Die Nordsee hat es mit Sylt selten gut gemeint. Seit Jahrtausenden liegt die Insel an der Westseite im Abbruch durch die Nordseebrandung. Das erfordert heute einen millionenteuren Küstenschutz.

Surfer vor Sylt. Wind und Wellengang am Sylter Strand haben diesen neuzeitlichen Sport sehr befördert. Auch Weltmeister finden sich hier ein, um an internationalen Wettkämpfen teilzunehmen.

1634, die auf Alt-Nordstrand 6123 Menschen das Leben kostete und die Insel in ihre heutigen Reste Pellworm, Nordstrand und Hallig Nordstrandischmoor auseinanderriss, sowie die Sturmflut vom 3./4. Februar 1825, die auf den Halligen 74 Menschenleben forderte und auf Sylt ganz → *Rantum* überflutete, sodass sich die Bewohner auf die höheren → *Dünen* flüchten und dort die Nacht verbringen mussten. Auch in → *Morsum*, Archsum und → *Tinnum* stand die Flut in zahlreichen Häusern.

Der Sturmflut von 1825 folgte eine Zeit relativer Ruhe. Erst in der Nacht des 16. Februar 1962 gab es wieder eine „Jahrhundertflut" in Begleitung eines Orkans mit Windstärken 14 bis 15. Haushohe Wellen tobten am Sylter Strand, sodass ein Gesamtverlust von fast 100 Hektar zu verzeichnen war und am → *Königshafen* → *List* ein Durchbruch der Insel drohte. Am → *Roten Kliff* von → *Wenningstedt* standen die Gebäude aus der Gründerzeit so nah am Kliff, dass sie gesprengt und weggeräumt werden mussten. Die Strandpromenade von → *Westerland* bot einen Anblick, als sei sie bombardiert worden. Überall waren Mauereinbrüche zu verzeichnen, und die turmhoch aufsteigenden Wassermassen ergossen sich über die nördlichen Strandübergänge hinein in die Stadt. Auf → *Hörnum* verschwand das Strandcafé in den Wellen, und bei der → *Kersig-Siedlung* klopfte der → *„Blanke Hans"* an Fenster und Türen. Schwer beschädigt war auch der → *Hindenburgdamm*, sodass die Verbindung nach Sylt für einige Zeit unterbrochen blieb. In Hamburg ertranken 315 Menschen.

Der Orkanflut von 1962 folgten am 3. und 20./21. Januar 1976 sowie am 24. November 1981 ähnlich hohe Fluten, deren Zerstörungen sich jedoch dank der kürzeren Winddauer und der seit 1962 verbesserten Küstenschutzwerke in Grenzen hielten. Es sind aber nicht unbedingt die ganz großen Fluten, die Sylt zu schaffen machen. Auch Sturmfluten mittlerer Stärke, die von den Medien kaum registriert werden, rauben der Insel Substanz.

„Sturmhaube" Aus einer kleinen, 1900 an der pompösen Kampener Strandtreppe erbauten Wartehalle entstand 1907 ein erweiterter Holzbau mit Kiosk und Büro der Kurverwaltung. 1936 wurde dann nach einem Entwurf von Walther Baedecker die erste richtige „Sturmhaube" erbaut, ein Langhaus mit Reetdach, das die Kurverwaltung, einen Leseraum, ein Restaurant, Badekabinen und Sanitärräume beherbergte. In einem geräumigen Anbau wurden im Winter die Strandkörbe untergebracht. Das → *Rote Kliff* rückte aber immer näher, und 1969 musste das Gebäude dem Meer weichen. Es wurde bei starkem Ostwind von der Kampener Feuerwehr abgebrochen. Die neue, heutige „Sturmhaube" war schon 1969 fertiggestellt worden.

Surfen Für Surfer besitzt Sylt wegen des Windes und der Wellen, die an keinem anderen deutschen Strand ähnliche Höhen erreichen, einen ganz besonderen Stellenwert. Kein Wunder, dass sowohl an der Westseite für Könner wie auch an der Wattenseite für Anfänger Surfgelegenheiten bestehen und Surfschulen eingerichtet wurden. Seit 1985 findet im Herbst der World Cup statt, an dem neben den deutschen auch die internationalen Größen des Surfsports teilnehmen. Zehntausende von Zuschauern verfolgen am Brandenburger Strand von → *Westerland* für einige Tage die inzwischen zu einem Millionenspektakel gewordenen Wettkämpfe.

Sylter Dampfschiffahrt-Gesellschaft (SDG) Sylt war früher eine schwer erreichbare Insel. Am Weststrand verbot die starke Brandung die Anlage von Häfen, und am Ostufer fehlten mit wenigen Ausnahmen landnahe Priele, die einen geregelten Schiffsverkehr zwischen dem Festland und der Insel ermöglicht hätten. Deshalb waren die Fährverbindungen früherer Jahrhunderte unstet und wechsel-

ten zwischen → *Morsum,* → *Keitum* und → *Munkmarsch*
und verschiedenen Festlandhäfen von Husum bis Hoyer.
Erst ab 1866 kam es zur Einrichtung einer dauerhaften
Linie zwischen Munkmarsch und Hoyer und zum Einsatz
erster Dampfer. Pionier diese Linie war der Kapitän und
Hotelier Thomas Selmer, zunächst mit dem Dampfer „Wilhelm", dann mit dem größeren Hinterraddampfer „Bismarck". 1874 wurde die Linie vom Ziegeleibesitzer Sophus
Clausen übernommen, der im Sommer mit dem Dampfer
„Germania", im Winter aber, wie in alten Zeiten, mit Segelschiffen fuhr, um Brennstoff zu sparen.

1883 wurde die Sylter Dampfschiffahrt-Gesellschaft gegründet, die mit ihrem Raddampfer „Sylt" die „Germania"
bald verdrängte bzw. übernahm. Gründer der SDG war
Peter Jürgen Hansen Kamp aus → *Kampen.* Zur „Sylt"
gesellte sich bald das Schwesterschiff „Westerland", sodass
die Schiffe im Sommer zweimal täglich zwischen Hoyer
und Munkmarsch verkehrten. Von Munkmarsch wurden
die Reisenden zunächst mit Kutschen, ab 1888 mit einer
Kleinbahn weiterbefördert. Ein dritter Dampfer namens
„Vorwärts", 1890 ersetzt durch den Neubau „Nordsee",
hielt die Verbindung während des Winters aufrecht. Im
Jahr 1900 ließ die SDG bei Jansen & Schmilinski in Hamburg einen noch größeren Raddampfer, die „Frisia", auf
Kiel legen, der zur Beförderung von 470 Passagieren zuge-
lassen war. Die „Frisia" erhielt 1905 noch ein Schwesterschiff mit ähnlichen Abmessungen, die „Freya". Zu den
bekanntesten Kapitänen dieser Linie gehörte Carl → *Christiansen* aus → *Westerland.* Er stand seit 1902 am Ruder der
Raddampfer der SDG und musste 1927 die Kommando-
brücke verlassen, als der → *Hindenburgdamm* eröffnet
wurde und die Schiffslinie ihre Existenzgrundlage verlor.

Sylt-Ost Von 1970 bis 2008 existierende Großgemeinde mit
den Ortschaften → *Tinnum,* → *Munkmarsch,* → *Keitum,* →

Archsum und → *Morsum*. Besonders der damalige Landrat Dr. Klaus Petersen setzte sich für eine – nicht immer und überall beliebte und akzeptierte – Zusammenfassung von bisher selbstständigen Gemeinden zu Großgemeinden ein. Gleichzeitig wurde der Kreis Südtondern, zu dem Sylt gehörte, mit Husum und Eiderstedt zum heutigen Kreis Nordfriesland zusammengefasst. Per Bürgerentscheid wurde der Zusammenschluss der Gemeinde Sylt-Ost mit der Stadt Westerland und Rantum zur „Gemeinde Sylt" zum 1. Januar 2009 beschlossen.

Sylt-Quelle Nach siebenjähriger Vorarbeit stieß der Hamburger Unternehmer Günther Spranger im Burgtal bei → *Rantum* in einer Tiefe von 400 Metern auf eine Thermalsole und errichtete am Rantum-Becken nahe dem → *Hafen* eine Abfüllstation der sogenannten Sylt-Quelle. Es entstanden ein architektonisch eigenartiger Rundbau, vorwiegend aus Glas, das Quellenhaus mit Galerie und Café sowie Hallen und das Gebäude der Abfüllstation. Am 17. September 1993 sprudelte aus der Thermalsole jodhaltiges Heil- und Mineralwasser, und Flasche um Flasche wurde zum Verkauf bzw. Versand abgefüllt. Aber dann gab es Schwierigkeiten. Zur Stützung seines Unternehmens erwartete Spranger die Genehmigung zum Bau von → *Friesenhäusern* und einem Hotel mit insgesamt 140 Betten. Der Sylter Planungsverband lehnte seinen Antrag ab und versagte auch die Genehmigung für ein Thermalbad. Die Sylt-Quelle ging in Konkurs, wurde aber von einigen Mitarbeitern weitergeführt und 1998 für 17,5 Millionen Mark an eine Mineralwasserfirma in Westfalen verkauft.

Tang ist die Bezeichnung für Meerespflanzen wie Blasen-, Säge-, Finger-, Zucker- und Darmtang sowie für die Algenarten Meersalat und Borstenhaaralgen, die im → *Watt*, in Wattenströmen und auf Festkörpern wie Buhnen, Brücken und Wracks von der Uferzone an abwärts wachsen und nach → *Sturmfluten* oft wallartig am Meeresufer angespült werden. Das ganze Jahr hindurch sind vor allem Blasentang und Meersalat auch mit Einzelbüschen im → *Flutsaum* des Strandes zu finden.

Tierpark Tinnum Wer einheimische und exotische Tiere in großzügiger Umgebung bewundern will, muss nicht nach Hamburg zu Hagenbeck fahren. Am 1. August 1971 eröffnete die Familie Christiansen bei → *Tinnum* einen Tierpark, der viele Inselgäste, insbesondere solche mit Kindern, zum Besuch anlockt.

Tinnum Die Sage erzählt, dass Tinnum seinen Namen erhielt, weil die Bevölkerung hier „Schat und Tinse", Steuern, zu bezahlen hatte (Tinn-ham = Zinsheim). In den meisten nordfriesischen Ortsnamen steckt jedoch ein Personenname, meist der eines Mannes, der mit seiner Sippe den Ort begründete oder ausbaute.

Tinnum war jahrhundertlang Hauptort der Insel, weil sich hier spätestens seit dem 17. Jahrhundert die → *Landvogtei* befand, ehe der Verwaltungssitz der Landschaft Sylt in preußischer Zeit nach → *Keitum* verlegt wurde. Im Zinsbuch des Bistums Schleswig wird Tinnum anno 1440 erstmalig genannt. Seit der zweiten Hälfte des 20. Jahrhunderts ist der Ort mit → *Westerland* zusammengewachsen, gehörte aber als Gemeinde ab 1970 zu → *Sylt-Ost*. Die Nähe zu Westerland bedingt, dass Tinnum insbesondere an der viel befahrenen Straße nach → *Keitum* eine Art → *„Hinterhof"* von Westerland ist und mit Bahnschienen, Gewerbebetrieben und sonstigen Einrichtungen kein schönes Ortsbild besitzt. Im Süden und Osten sind aber noch etliche → *Friesenhäuser* des ursprünglichen Dorfs vorhanden – mit Blick auf den → *Deich* und die → *Marsch* sowie auf die Tinnum-Burg (→ *Burgen*).

Trachten Die nordfriesischen Inseln Sylt, → *Föhr* und → *Amrum* waren bis um 1800 für ihre Trachtenvielfalt bekannt. Aber trotz der Nähe der Inseln zueinander hatte jede ihre eigenen Trachten für Feiern in Familie und Kirche, von der Geburt bis zum Todesfall. Die ältesten überlieferten Sylter Trachten bestanden überwiegend aus Schafsfellen bzw. Schafswolle, waren teilweise bunt gefärbt und sehr gewichtig. Die Trachten der Kapitänsfrauen beim Kirchgang zwecks Danksagung nach der glücklichen Heimkehr ihres Mannes von See wogen um die 5,5 Kilogramm. Charakteristisch waren bei den meisten Trachten – mit Unterschieden bei verheirateten Frauen und Jungmädchen – die Haube, friesisch Hüüf, aus schwarzem Samt mit Reihen klingender Münzen sowie die roten Strümpfe. Die Trachten wandelten sich jedoch häufig, nicht zuletzt durch den Umstand, dass manche Kapitänsfrauen ihre Männer begleiteten und in europäischen Hafenstädten mit dortigen Moden vertraut wurden.

Im Gefolge der napoleonischen Kriegswirren und ausbrechender Armut verschwanden in der ersten Hälfte des 19. Jahrhunderts binnen kurzer Zeit alle Trachten aus dem Inselleben, und es darf als ein Glücksfall gelten, dass kurz vorher zwei Maler und Kupferstecher aus der Schweiz, Jacob Rieter und Johannes Senn, die Inseln bereist und die damals gebräuchlichen Trachten im Bild festgehalten hatten. Nur die Hochzeitstracht scheint auf Sylt noch bis Mitte des 19. Jahrhunderts in Gebrauch gewesen zu sein.

Erst nach dem Zweiten Weltkrieg wurde im Zusammenhang mit dem → *Fremdenverkehr* und der Gründung von Tanzgruppen die Sylter Braut- und Jungmädchentracht wieder populär.

Uthlande Die Außenlande, älteste Bezeichnung um 1231 im Erdbuch des dänischen Königs Waldemar für das aus zahlreichen Inseln bestehende Gebiet vor der schleswigschen Westküste im Bereich des heutigen nordfriesischen Wattenmeers. Die Uthlande waren verwaltungsmäßig in

Oben: Friesenhaus in Tinnum, ein Dorf, das mit dem unruhigen Westerland praktisch zusammengewachsen ist.

Die heutige Friesentracht der Sylter Frauen. Im alten Sylt der Seefahrerzeit gab es eine Fülle verschiedener Trachten zu Feiern in Familie und Kirche. Sie wechselten mit der Mode und mit der Zeit, bis zur Beständigkeit der heutigen Tracht.

„Harden" aufgeteilt, die bis ins hohe Mittelalter, begünstigt durch ihre abseitige Lage, eine gewisse Selbstständigkeit gegenüber dem dänischen Königshaus bzw. den schleswigschen Herzögen behaupteten. Die Bezeichnung Nordfriesland entstand erst im 19. Jahrhundert.

Uthörn Sandinsel im → *Königshafen* bei → *List*. Das von Vogelwärtern betreute Schutzgebiet ist eines der letzten Refugien der einst überreichen Seevogelwelt im Bereich des → *Ellenbogens*, weil die Insel relativ fuchssicher ist.

Uwe-Düne Die nach Uwe Jens → *Lornsen* benannte → *Düne* am → *Roten Kliff* bei → *Kampen* ist mit 52 Metern über NN (Normalnull) die höchste Erhebung von Sylt. Bohlentreppen führen hinauf auf die Aussichtsplattform.

Verein Jordsand Verein zum Schutz der Seevögel an Nord- und Ostsee mit Sitz in Ahrensburg bei Hamburg. Der Verein Jordsand betreut auf Sylt seit 1957 das 560 Hektar große und seit 1962 unter → *Naturschutz* stehende Rantum-Becken, das in Teilbereichen zunächst für eine Mülldeponie vorgesehen war. Entsprechend seinem Charakter mit Süßwasser und Salzwasser ist das Rantum-Becken Lebensraum sowohl von See- als auch von Wasservögeln. In einer Hütte am → *Deich* haust der Vogelwart und veranstaltet regelmäßige Führungen.

Vogelkojen Entenfanganlagen nach holländischem Vorbild, seit 1730 auf den nordfriesischen Inseln → *Föhr*, Sylt, → *Amrum*, Pellworm und Nordstrand eingerichtet. Auf Sylt erteilte der dänische König Christian VII. im Jahr 1767 einigen Interessenten, darunter Bleick Jens Eben und Friedrich Jensen Becker aus → *Kampen*, die Konzession für die Anlage der Kampener Vogelkoje. Sicherlich wurde die Erstellung auch dadurch begünstigt, dass der damalige Landvogt Matthias Matthiesen einen halben Anteil zeichnete. Vogelkojen bestehen aus einem größeren, rechteckigen Süßwasserteich, von dessen Ecken bogenförmige

Seitenkanäle, die sogenannten Pfeifen, abzweigen. Zum Teich hin sind die „Pfeifen" offen, um die Wildenten hereinzulassen, werden aber, mit Maschendraht oder Netzen umspannt, immer schmaler und niedriger und enden schließlich in einer Reuse oder einem Fangkasten. Sind in der herbstlichen Zugzeit genügend Wildenten auf dem Teich versammelt, schleicht der Kojenmann zu jener „Pfeife", aus der der Wind herausweht, und streut, versteckt hinter Schiffskulissen, leichtes Futter in den Eingangsbereich. Die Wildenten folgen den Lockenten, die es gewohnt sind, hier gefüttert zu werden. Sie schwimmen heran, werden vom Kojenmann an das Ende der „Pfeife" in den Fangkasten getrieben, herausgeholt und „gegringelt", wie das rasch und schmerzlos tötende Halsumdrehen heißt. Um den Entenfang nicht zu stören, waren die Vogelkojen in meilenweitem Umfeld gegen Lärm geschützt. Auch durfte in der Fangzeit diese Zone nicht betreten werden. Gefangen wurden vor allem Pfeif-, Spieß-, Krick-, sowie zeitweilig auch Stock- und Löffelenten. Die Ausbeute der Kampener Vogelkoje betrug Ende des 18. Jahrhunderts bis zu 40 000 Enten jährlich. Genaue Fangergebnisse liegen in Aufzeichnungen erst seit 1809 vor. Als 1907 der Bahnbau nach → *List* projektiert wurde, protestierten die Kojeninhaber gegen die Bahn, arrangierten sich dann aber gegen eine entsprechende Abfindung. Die Bahn wurde außerdem durch das → *Klappholttal* weit um die Vogelkoje herumgeführt. 1935 schränkten die Reichsjagd- und Naturschutzgesetze den Massenfang ein, und im selben Jahr wurde die etwa zehn Hektar große Anlage unter → *Naturschutz* gestellt. Nach dem Zweiten Weltkrieg betreute zunächst der Bund für Vogelschutz die Anlage und richtete hier ein Info-Zentrum ein. 1986 übernahm die → *Söl'ring Foriining* die Koje in Pacht von der Gemeinde Kampen und investierte hohe Beträge für den Erhalt der

eigentlichen Fanganlage im ursprünglichen Zustand sowie
für Einrichtungen, die der Besucherstrom notwendig
machte. Nach mehrfachen Einbrüchen von → *Sturmfluten*
wurde 1993 der Kojendeich zum Wattufer hin verstärkt.

Heute ist die Kampener Vogelkoje zweierlei: Naturidyll
und Ausflugsziel, beides in gelungener Weise voneinander
getrennt. In einer Zeit, als die Ausbeute nach jahrhunder-
telangem Massenfang schon rückläufig war, entschlossen
sich 25 meist aus → *Westerland* stammende Interessenten
zum Bau einer zweiten Sylter Vogelkoje südlich von Westerland. Die Eidumer Vogelkoje begann 1874 mit dem
Entenfang, aber es wurden zunächst nur 20 bis 24 Vögel
im Jahr gefangen. Das erfolgreichste Fangjahr war 1895
mit 8132 Enten, ansonsten kamen die Anteilseigner nicht
auf ihre Kosten. Eine ernsthafte Störung des Entenfangs
ging im Jahr 1901 vom Bau der Südbahn von → *Hörnum*
über → *Rantum* nach Westerland aus. Die Bahn führte
dicht an der Eidumer Vogelkoje vorbei. Nach jahrelangem
Prozess gegen die → *HAPAG* als Betreiberin der Bahn
erhielten die Kojeninteressenten jährlich 500 Mark, die
aber nur unzureichend die Fangverluste deckten. Im Ersten Weltkrieg tat dann das Militärlager → *Dikjendeel* am
Dünenrand genau gegenüber der Vogelkoje ein Übriges.
1935 war das letzte, unbefriedigende Fangjahr, und die
Anlage wurde 1941 für 18 000 Reichsmark an die Stadt
Westerland verkauft.

1976 übernahm der → *Verein Jordsand* die Betreuung der
Eidumer Vogelkoje und errichtete dort ein repräsentatives
Naturzentrum mit Beobachtungsständen für Besucher,
ließ aber das übrige Kojengelände im Naturzustand. Neu-
erdings ist die Eidumer Vogelkoje wieder von der Stadt
Westerland übernommen.

Die dritte Sylter Vogelkoje, im Burgtal südlich von Rantum
gelegen, ist kaum noch als solche erkennbar. Nur der Teich

Pfeifenten, auf Sylterfriesisch Smenjen genannt, gerieten zu Tausenden in die Netze der Kojenfänger.

Oben: Entenfangteich in der Kampener Vogelkoje. Der Süßwasserteich diente dazu, aus dem nahen Wattenmeer Wildenten anzulocken. Von den Ecken aber zweigten netzüberspannte Seitenkanäle, die „Pfeifen", ab, an deren Ende sich Reusen oder Fangkästen befanden.

Naturzentrum in der Kampener Vogelkoje. Aus der früheren Entenfanganlage, wo Tausende von Wildenten „gegringelt" (durch Halsumdrehen erwürgt) wurden, hat sich ein kleines Naturparadies mit einem Wildwuchs von Birken, Erlen und anderen Bäumen sowie etlichen wild lebenden Brutvögeln entwickelt. Im Naturzentrum wird die Geschichte der Vogelkoje gezeigt.

ist noch vorhanden. Die Koje wurde 1880 von 20 Interessenten, die vorwiegend aus → *Keitum* stammten, angelegt. Einen Anteil erhielt die Gemeinde Rantum, die das Gelände zur Verfügung stellte.

In den ersten Jahren wurden zwischen 1000 und 2000 Enten jährlich gefangen, nur im Jahr 1888 konnte einmal ein Ergebnis von über 3000 Enten verzeichnet werden. Auch hier gab es seit 1901 Probleme mit dem Bahnbetrieb, und wie bei der Eidumer Koje zahlte auch hier die HAPAG jährlich 500 Mark Schadenersatz. Aber als 1927 nur noch 74 Enten gefangen wurden, gaben die Interessenten den Kojenbetrieb auf. Die Anlage diente fortan – wie übrigens auch die Eidumer Koje – als Sehenswürdigkeit für Inselgäste. Die HAPAG musste aber noch mehr als zehn Jahre über die Aufgabe des Entenfangs hinaus, bis zum Beginn des Zweiten Weltkriegs, Entschädigung zahlen.

Volksabstimmung Nach dem Krieg zwischen Preußen/Österreich und Dänemark im Jahr 1864 und der Lösung des Herzogtums Schleswig aus dem dänischen Gesamtstaat verblieb in Nordschleswig eine dänisch orientierte Mehrheit, sodass sich nach dem Ersten Weltkrieg die Forderung nach einer Abstimmung im Grenzraum über die künftige Zugehörigkeit erhob. Zu diesem Zweck wurden in Schleswig Abstimmungszonen festgelegt. Wie erwartet fiel die Zone I am 10. Februar 1920 mit einer dänischen Mehrheit von rund 75 Prozent an Dänemark. In der Zone II, zu der auch Sylt gehörte, wurde am 14. März 1920 abgestimmt, und hier führte das eindeutige Ergebnis zum Verbleib bei Deutschland. Nur in drei Dörfern auf → *Föhr* gab es dänische Mehrheiten. Auf Sylt stimmten 88 Prozent der Wahlberechtigten für Deutschland, doch gab es in → *Morsum* gegenüber den 267 Stimmen für Deutschland immerhin 87 für Dänemark. Aber selbst in → *List*, das fast 1000 Jahre als Enklave zum Königreich Dänemark gehört hatte, stimmten von 51 Wahlberechtigten nur sieben für Däne-mark. Für Sylt hatte die Abstimmung jedoch problema-tische Folgen, weil der Ausgangshafen zur Insel, Hoyer, an Dänemark fiel und die Reise nach Sylt nur mit entspre-chenden Komplikationen über das Ausland möglich war. Die Konsequenz war dann der beschleunigte Bau des → *Hindenburgdamms.*

Vortrapptief Der mächtige Wattenstrom zwischen → *Hörnum* und → *Amrum* dient als Fahrwasser nach Hörnum. Das Vortrapptief wird seeseitig geprägt von den Seesänden Theeknob, Hörnumknob und Jungnamensand, von denen Letzterer auch bei Hochwasser über den Meeresspiegel ragt. Diese Seesände sind die „Sonnenbänke" der → *See-hunde* und → *Kegelrobben.*

Wald Sylt war, wie andere Inseln und Halligen auch, früher eine fast baumlose Insel. Verbreitet war die Ansicht, dass die starken Westwinde keinen Baumwuchs zulassen. Erst die Anlage der Kampener → *Vogelkoje* 1767 führte zur Anpflanzung von Bäumen, die der Kojenmann als Deckung benötigte. Verschiedene Laubbäume wurden gepflanzt, so etwa Erlen, Ahorn, Eschen und Birken, die einen in sich geschlossenen Hain bildeten. In den Jahren 1820/21 forstete der Kapitän und Ratsmann Jürgen Jens Lornsen mit den Samen verschiedener Nadelbäume auf der → *Geest* nördlich von → *Keitum* eine Fläche auf, den Lornsenhain, dem 1824 mit dem Friesenhain eine weitere Aufforstung folgte. Die mit etwa 35 Hektar größte zusam-menhängende Forstfläche entstand im Zusammenhang mit der Dünenfestlegung im Bereich des → *Klappholttals* in der Zeit zwischen 1869 und 1893, initiiert durch den Leiter des → *Küstenschutzes* Graf Baudissin. Noch vor der Jahr-hundertwende bildete sich auch um die Eidumer → *Vogel-koje* ein Schutzwald. Weitere kleinere Aufforstungen, so unter anderem bei → *Kampen,* → *Wenningstedt,* südlich

Oben: Im Gegensatz zur Sylter Brandungsküste an der Westseite ist das Wattenmeer am Ostufer eine friedliche Meereslandschaft. Hier lagern die Gezeiten Sedimente ab, sodass mancherorts durch Buhnen Landgewinnung betrieben werden kann.

Brachvögel und andere Limikolen (Watvögel) bevölkern in der Zugzeit das Watt. Bei Ebbe eilen sie nach Nahrung stochernd umher, aber die steigende Flut treibt die „Nichtschwimmer" zum Land, wo sie sich während des Hochwassers versammeln.

vom Hörnumer Leuchtturm und auf Nösse-Odde sowie im Süden und Norden von → *Westerland*, haben nach wie vor den Charakter von „Kurwäldern" mit windstillen Waldwegen. Der Friedrichshain in Westerland entstand mithilfe des Heidekulturvereins und der Friedrich-Stiftung.

Wanderdünen → *Dünen*, die als fast vegetationslose Sandberge in ständiger Bewegung sind und – entsprechend dem vorwiegenden Westwind – nach Osten wandern.

Watt Der bei Ebbe trockenfallende Meeresboden im unmittelbaren Küstenlee an der Ostseite von Sylt besteht teils aus weichem Schlick, vorwiegend aber aus festem Sand. Zwischen Sylt und dem Festland fällt das Watt mit Ausnahme einiger größerer Wattenströme bei Ebbe trocken, während am Weststrand infolge des geringen Tidenhubs von etwa 1,70 Metern sich nur die Strandzone verbreitert. Rinnsale, Priele und tiefe Wattenströme zergliedern das Watt, das von → *Muscheln*, Schnecken, Würmern, Krebsen und anderen ober- und unterirdisch lebenden Tieren gebietsweise dicht besiedelt ist. Wattenführungen vermitteln einen Einblick in die Fauna und Flora dieser amphibischen Landschaft.

Watvögel bilden eine große Vogelfamilie, zu der unter anderem Kiebitz, → *Austernfischer*, Säbelschnäbler, Brachvogel, Rotschenkel, Pfuhlschnepfe, Goldregenpfeifer, Knutt und Sanderling gehören, die auf Nahrungssuche in Pfützen und im Flachwasser waten.

Weißes Kliff Abgerundetes Kliff am Wattufer unterhalb von → *Braderup* mit fast schneeweißem Kaolinsand, der auch am Panderkliff bei → *Munkmarsch*, am Ufer bei → *Keitum* sowie am → *Morsum Kliff* und am → *Roten Kliff* sichtbar ist. Kaolinsand aus einem vor Jahrmillionen vorhandenen skandinavischen Flussdelta lagert bis zu 80 Meter mächtig unter Sylt und ist – wie übrigens auch Dünensand – ein hervorragender Süßwasserspeicher.

Wenningstedt Die Legende erzählt von einem Hafenort, der auf der damals noch größeren Insel etwa einen Kilometer westlich des heutigen Orts lag und Ausgangshafen der Angeln und Sachsen für die Übersiedlung nach England war. Die rekonstruierte Nordfrieslandkarte von Johannes Mejer für die Zeit um 1240 ist aber weitgehend eine Fantasiekonstruktion, sodass Lage und Charakter des einstigen Wenningstad umstritten sind. Die Urzelle des heutigen Wenningstedt bestand noch Mitte des 19. Jahrhunderts aus nur 13 Häusern, die um den → *Dorfteich* versammelt waren, weit genug entfernt vom langsam heranrückenden → *Roten Kliff*. Schon 1859 meldete „der freundliche, kleine Ort, der noch Gelegenheit zum Stillleben bietet", den Besuch von Badegästen. Aber erst 1896 setzte der Hotelier Peter F. Nann nahe der Kliffkante ein erstes Hotel, „Zum Kronprinzen", mit Logierhäusern in die idyllische Landschaft. Und als „ältestes Hotel am Platze" empfahl sich der heute noch bestehende „Friesenhof". Die eigentliche Badegerechtsame für Wennigstedt gehörte aber seit 1885 dem Besitzer der Badeanstalt → *Westerland*, Dr. Julius Adrian → *Pollacsek*, und als er 1893 seinen Besitz an die Gemeinde Westerland verkaufte, gehörten auch die Badeanlagen von Wenningstedt dazu. Erst 1927 ging das Bad in den Besitz von Wenningstedt über. 1903 wurde der Ort durch den Ausbau der Nordbahn leichter erreichbar, und auswärtige Interessenten, vor allem aus Hamburg, bauten Hotels und Logierhäuser. Die rasch ansteigenden Einwohner- und Besucherzahlen geboten schon bald den Bau einer eigenen Kapelle. 1914 wurde die Friesenkapelle (→ *Kirchen für Inselgäste*) nahe dem mächtigen steinzeitlichen → *Denghoog* errichtet.

Aber erst nach dem Zweiten Weltkrieg sprengte der Bauboom alle Grenzen, und Wenningstedt und Westerland wuchsen zusammen. In dieser Zeit spielten Rücksichten auf Landschaft und Gebäudestil keine Rolle, und so ist Wen-

Oben: Wenningstedt – eine Dorfidylle aus der Zeit vor 1900. Um den Dorfteich stehen wenige, originale Friesenhäuser versammelt, von denen heute inmitten zahlreicher „inselfremder" Neubauten nur noch wenig zu sehen ist.

Am Strand vor Wenningstedt. Schon 1859 meldete „der freundliche kleine Ort, der noch Gelegenheit zum Stillleben bietet", den Besuch von Badegästen, heute ist Wenningstedt gemeinsam mit dem dazugehörigen Braderup nach Westerland die größte Fremdenverkehrsgemeinde der Insel.

ningstedt heute – ausgenommen der historische Bereich am Dorfteich – mit einem architektonischen Sammelsurium der am meisten verunstaltete Ort auf Sylt. Gemeinsam mit dem dazugehörigen → *Braderup* verfügt Wenningstedt über rund 7000 Fremdenbetten und ist damit nach Westerland die größte Fremdenverkehrsgemeinde der Insel.

An der Steilkante des Roten Kliffs spiegelt sich am deutlichsten der Angriff des → *„Blanken Hans"* gegen Sylt. Immer wieder werden die Strandanlagen, Treppen und Holzpromenaden durch → *Sturmfluten* zerstört. Und auch der Hotelanlage aus der Gründerzeit ist im wahrsten Sinne des Wortes der Boden unter den Fundamenten weggezogen worden. Nachdem schon vorher das Logierhaus gesprengt und abgetragen werden musste, stand auch der weiter zurückliegende „Kronprinz" mit seinen Nebenhäusern nach der Sturmflut vom Februar 1962 so dicht an der Kliffkante, dass 1963 der Abbruch erfolgen musste. Nicht weniger dramatisch ist das Schicksal anderer Gebäude am Strand. Das 1919 errichtete „Strand-Café" hing nach der Sturmflut vom 24. November 1928 über dem Abgrund und war verloren. Die dahinter liegende „Strandhalle" musste nach der Sturmflut von 1928 mit Stahltrossen und Winden weiter landeinwärts gezogen werden, ein Vorgang, der 1949 wiederholt werden musste. Aber nach Sturmfluten am 24. November 1981 und am 18. Januar 1983 war die Kliffkante wieder am Haus. Zwei Drittel des Gebäudes waren verloren, und der Rest ist heute als „Kliffkieker" bekannt. Erst im Gefolge der → *Sandvorspülungen* wurden Strand und Kliff vor Wenningstedt stabilisiert.

Westerland Nach dem Untergang von → *Eidum* entwickelte sich der landeinwärts verlegte Ort über eine größere Fläche mit mehreren Ortsteilen auf den „Enden" und „Hedigen", ehe etwa um 1450 der Ortsname Westerland entstand. Sehr bald schon stand der Ort an Größe und Bedeutung den Dörfern

→ *Keitum* und → *Morsum* nicht nach. Insbesondere Rantumer, die ihr Dorf wegen der Dünengefahr verließen, siedelten sich in Westerland an. 1855 wurde das Friesendorf Nordseebad. Unter Führung von Wulf Manne → *Decker* schlossen sich einige Westerländer zusammen, um eine regelrechte Badeanstalt mit den zugehörigen Einrichtungen zu gründen. Im September 1857 wurde der Grundstein zur „Dünenhalle" gelegt. Ein weiteres Logierhaus, das „Strandhotel", wurde 1859 eröffnet, und das zunächst erwirtschaftete Defizit konnte schon im nächsten Jahr ausgeglichen werden. 470 Gäste hatten das junge Seebad besucht. Nach der Überwindung einiger Anfangsschwierigkeiten setzte sich ab 1864 unter der preußischen Regierung und insbesondere in der Gründerzeit nach 1871 die bauliche Entwicklung stürmisch fort mit der Konsequenz vieler Bausünden. Immer mehr auswärtige Unternehmer setzten ihren Fuß in das Seebad und nahmen den Syltern die Entwicklung mehr und mehr aus der Hand. 1872 wurde die bis dahin den Westerländern gehörende Badeanstalt mit Hotels und Warmbadehaus für 21 000 Taler an den Besitzer des Hotels „Royal", Friedrich Albert Haberhauffe, verkauft, der bedeutende Summen in den weiteren Ausbau steckte. Aber schon 1884 ging das Seebad erneut in andere Hände über, diesmal für 365 000 Mark an Dr. Julius Adrian → *Pollacsek*. Die Zahl der Gäste stieg auf über 9000, und in schneller Folge entstanden Bauten im Bäderstil. Erst 1892 wurde ein Bebauungsplan aufgestellt. Seit 1888 bestand eine Bahnverbindung zum → *Hafen* → *Munkmarsch*, die 1901 durch die Südbahn nach → *Hörnum* ergänzt wurde. 1893 erwarb die Gemeinde Westerland das Bad von Dr. Pollacsek für 825 600 Mark, im selben Jahr wurde das E-Werk errichtet, und Westerland erhielt Haus- und Straßenbeleuchtung. Und weiter ging es Schlag auf Schlag: 1897 wurden Fernsprechkabel gelegt, 1898 entstand das Neue Kurhaus, 1901 wurden das Wasser-

Oben: Am Strand von Westerland. Hoch ragt die Fassade des Kurzentrums über Strand und Stadt, von bissigen Syltern und Gästen auch „Eiger Nordwand" genannt. Vom alten Seebad Westerland blieb nur das Hotel „Miramar" (Bildmitte).

Die kühne Architektur des neuen Wellenschwimmbads „Sylter Welle" erscheint hinter dem Dünenwall wie der Bug eines mächtigen Dampfers mit einer Bugwelle.

werk und die Kanalisation eingerichtet, 1902 folgte das Familienbad, 1905 löste sich Westerland aus dem Amtsbezirk Sylt, und 1908 wurde die neue → *St.-Nicolai-Kirche* erbaut (→ *Kirchen für Inselgäste*). Allein in den Jahren 1890 bis 1892 entstanden fast 80 neue Häuser. Schon 1912 wurde am Friedrichshain bei Westerland ein Flugplatz eingerichtet, den das Militär Mitte der 1930er Jahre wesentlich erweiterte. Das wichtigste Ereignis zwischen den beiden Weltkriegen war der Bau des → *Hindenburgdamms* 1927.

Nach dem Zweiten Weltkrieg, nach Militär- und Flüchtlingsjahren, erreichten die Gästezahlen schnell wieder Rekordniveau, lagen zum Beispiel 1950 schon über 23 000, im Jahr 1959 bei fast 56 000. Als 1964 das Meerwasserwellenbad eröffnet wurde, prägten noch weitgehend die Gebäude der sogenannten guten alten Zeit Westerland. Aber dann wurde das Zentrum binnen weniger Jahre „plattgemacht", und die Gründerzeit-Architektur wich kalten, hoch aufragenden Zweckbauten im Kurzentrum und den Betonkästen des Eigentumswohnungsbaus. Mit der Planung des 100 Meter hohen Gebäudegiganten → *„Atlantis"* steuerte der Bau- und Bettenwahn dann einem weiteren Höhepunkt entgegen – bis die Landesregierung 1972 dieser Gigantomanie die Genehmigung versagte und der Stadt Westerland in der Folgezeit wegen erkennbarer Unvernunft für einige Zeit die Baugenehmigungsbefugnis entzogen wurde. Was aber nicht in die Höhe ging, ist dann in der Folgezeit in die Breite gegangen, weil immer wieder neue Bauvorhaben durchgesetzt wurden.

Westerland ist konsequent seinen Weg als größtes und bekanntestes Nordseebad weitergegangen, zuletzt noch 1994 mit dem Abbruch des Meerwasserwellenbads und dem schicken Neubau der „Sylter Welle".

Wetter Wer gebräunte Haut als Schönheitsideal betrachtet, könnte von Sylt enttäuscht sein. Erholung und Gesundheit vermittelt hingegen die salzige Nordseebrise. Regen muss sein, um die Vegetation aufzufrischen und die Süßwasserlinse der Insel nachzufüllen. Andauernder Regen ist jedoch selten, meist sorgt eine aufkommende Brise für rasche Aufklärung. Die Sonnenscheindauer auf Sylt gehört zu den längsten in Deutschland und ist ausgeprägter, als uns der Wetterbericht im Fernsehen vermittelt. Die Wetterkarte berücksichtigt nämlich eine Art „Wetterscheide" längs der südlichen Nordseeküste und über Hamburg nicht. Deshalb schalten Sylter den dänischen Wetterbericht ein, der sehr viel genauer ist, weil er eine kleinere Region umfasst. Klimaforschung wird seit 1936 auf Sylt betrieben. Das Institut für Bioklimatologie und Meeresheilkunde der Universität Kiel im Norden von → *Westerland* machte sich vor allem durch die Forschungen der Professoren Heinrich Pfleiderer und Uwe Jessel einen überregionalen Namen.

Wikinger Dänisches und skandinavisches Seefahrervolk, das in der Zeit vom 6. bis zum 11. Jahrhundert Eroberungszüge an europäischen Küsten betrieb, um 986 Amerika (Vinland = Weinland, wegen der dortigen Trauben) entdeckte und Russland gründete, neben Raubüberfällen mit Mord und Totschlag aber auch friedlichen Handel betrieb. Wikinger saßen auch auf den Nordfriesischen Inseln und fuhren gemeinsam mit den hier zur gleichen Zeit eingewanderten → *Friesen* nach Großbritannien, um Klöster und → *Burgen* zu erobern und zu verwüsten. Ein Münzfund mit fast 800 Münzen britischer Herkunft, gefunden 1937 in den → *Dünen* von → *List*, dürfte eine Tributzahlung an Friesen und Wikinger gewesen sein.

Wildgänse Im Frühjahr und Herbst ist das → *Watt* belebt von Tausenden von Wildgänsen, insbesondere von Ringelgänsen, die im Mai zu ihren Brutplätzen im sibirischen Eismeer und im September/Oktober zu ihren Winterquartieren in England und Holland ziehen. Alle Wildgänse sind Grasfres-

Im Herbst, aber vor allem im Frühjahr, bevölkern Ringelgänse das Watt, die Salz- und die Marschenwiesen, wo sie als „Vegetarier" Nahrung finden. Ihre Brutplätze liegen auf sibirischen Eismeerinseln.

Folgende Doppelseite: Während die Brutvogelkolonien von Sylt wegen der Füchse bis auf Reste verschwunden sind, ist das Watt östlich der Insel in der Zugzeit ein Dorado zahlreicher Zugvögel. In großen Scharen treten vor allem Limikolen (Brachvögel, Strandläufer, Schnepfen u. a.) auf.

Die Urheimat des Wildkaninchens ist die Iberische Halbinsel. Spanien heißt „Land der Kaninchen", von den Phöniziern so getauft. Erst später breiteten sich diese Nagetiere über Europa – durch Aussetzungen vor allem auf Nordseeinseln – aus.

ser und kommen zum Äsen an Land, früher nur auf die Salzwiesen, neuerdings auch in die Süßwassermarsch.

Wildkaninchen Im Erdbuch des dänischen Königs Waldemar werden anno 1231 wohl für die Nachbarinsel → *Amrum* Wildkaninchen genannt, nicht aber für Sylt. Hier sollen diese erst um 1732, nachdem sie auf der holländischen Insel Ameland gefangen worden waren, von Sylter Seefahrern in den → *Dünen* ausgesetzt worden sein, um als Jagdwild zu dienen. Nach Christian Peter → *Hansen* verschwanden die Kaninchen jedoch um 1800 wieder, angeblich durch Wiesel „und andere Raubthiere" ausgerottet, und wurden erst nach 1900 durch Jagdpächter erneut angesiedelt. Wegen der vielen → *Füchse* sind Wildkaninchen zwar in den Sylter → *Dünen* nicht sehr verbreitet, kommen dafür aber im Siedlungsbereich der Insel und auf dem Flugplatz immer häufiger vor.

Zollboot „Kniepsand" heißt das 1953 in Bardenfleth gebaute, knapp 28 Meter lange und 20 Seemeilen/Stunde leistende Zollboot der Station Hörnum-Sylt mit einer wechselweisen Besatzung von zwölf Mann. Ein weiteres, kleineres Zollboot (17,22 Meter) namens „Amrum" liegt einsatzbereit in Husum. Zu den Aufgaben gehören die Überwachung der Seeschifffahrt und → *Fischerei*, die Ermittlung von Umweltschäden und Bergungshilfe in Seenotfällen.

Zugvögel Im Frühjahr und Herbst geht das „Rauschen" der Zugvögel über das → *Watt* an der Sylter Ostküste hin. Zu Tausenden und Zehntausenden ziehen Wildenten und → *Wildgänse* sowie Limikolen zu ihren Brutplätzen im europäischen Norden bzw. in ihre Winterquartiere. Bei den großen Limikolenmassen handelt es sich vor allem um Knutts und Alpenstrandläufer. Aber auch Pfuhlschnepfen, Brachvögel und Goldregenpfeifer bilden konzentrierte Scharen. Bei Ebbe sind die Vögel auf Nahrungssuche weit verstreut im Watt, bei Hochwasser rasten sie dicht an dicht am Inselufer und auf den Wattwiesen.

Sylt-Literatur (Auswahl)

Brich, Heinz – Nordseebad Rantum/Sylt, Rantum 1998

Hacht, Ulrich von – Fossilien von Sylt, 2 Bd. Hamburg 1985, 1987

Hansen, Christian Peter – Chronik der friesischen Uthlande, Wiesbaden 1972

Jessel, Hans – Sylt – ein Reisebuch, Hamburg 1989

Jessel, Hans (Hrsg.) – Das große Sylt-Buch, Hamburg 1994

Jessen, Wilhelm – Das Meer vernichtet und segnet, Westerland 1927

Jürgs, Michael/Trost, Tassilo – Die Insel, Hamburg 1978

Kunz, Harry/Steensen, Thomas – Sylt Lexikon, Neumünster 2007

Pahl, Max/Carstensen, Peter – Hörnum – Heimat am Horn, Hamburg 1973

Quedens, Georg – Sylt erzählt, Itzehoe 1968

Quedens, Georg – Strand und Watt – BLV-Naturführer, München 1984

Quedens, Georg – Die Inseln der Seefahrer, Hamburg 1996

Quedens, Georg/Stöver, Hans-Jürgen – Sylt, wie es früher war, Hamburg 1979

Schmidt-Eppendorf, Peter – Sylt, Memoiren einer Insel, Husum 1977

Schmidt-Rodenäs, Karl – Sylter Geschlechter um und nach Lorens Petersen de Haan, Bredstedt 1981

Schröder, Willy – Aus der Chronik des Dorfes Morsum, Westerland o.J.

Simon, Sven (Hrsg.) – Sylt, Abenteuer einer Insel, Hamburg 1980

Söl'ring Foriining – Jahresberichte 1968 ff.

Spreckelsen, Rolf – Sylter Leuchtfeuer, Westerland 1968

Spreckelsen, Rolf – Kampen, Sylt. Ein Flirt fürs Leben, Hamburg 1996

Stöpel, Richard – Geschlechter kommen und gehen, Westerland 1927

Stöver, Hans-Jürgen – Von der Inselbahn und den Bäderschiffen Sylts, Schleswig 1979

Stöver, Hans-Jürgen – Westerland auf Sylt. Das Bad im Wandel der Zeiten, Husum 1980

Stöver, Hans-Jürgen – Die Windmühlen der Insel Sylt, Wenningstedt 1990

Stöver, Hans-Jürgen – Orkan über Sylt, Wenningstedt 1993

Voigt, Harald – Die Festung Sylt, Bredstedt 1992

Voigt, Harald/Wedemeyer, Manfred – Westerland, Westerland 1980

Autor/Impressum

Jan Mayen
ist Nordfriesland-Experte, der die Insel seit Jahrzehnten kennt und liebt.

Bibliografische Information der Deutschen Bibliothek
Die Deutsche Bibliothek verzeichnet diese Publikation in der Deutschen
Nationalbibliografie; detaillierte bibliografische Daten sind im Internet über
<http://dnb.ddb.de> abrufbar.

© Ellert & Richter Verlag GmbH, Hamburg 2010

ISBN 978-3-8319-0398-6

Dieses Werk einschließlich aller seiner Teile ist urheberrechtlich geschützt. Jede
Verwertung außerhalb der engen Grenzen des Urheberrechtsgesetzes ist ohne
Zustimmung des Verlages unzulässig und strafbar. Dies gilt insbesondere für
Vervielfältigungen, Übersetzungen, Mikroverfilmungen und die Einspeicherung
und Verarbeitung in elektronischen Systemen.

Redaktion: Annette Krüger, Hamburg
Gestaltung: Büro Brückner + Partner, Bremen
Lithografie: Griebel-Repro, Hamburg
Gesamtherstellung: CPI books GmbH, Leck
www.ellert-richter.de

Bildnachweis: alle Fotos Georg Quedens, Norddorf, außer:
Sylter Archiv/Hans-Jürgen Stöver: Titel u., S. 9 u., 17 o. + u., 56 u., 62 o., 71 o.,
75 u., 80 o., 99 o., 124 u., 127 o. + u., 189 o.
Erlebniszentrum Naturgewalten Sylt/Volker Frenzel: S. 136 u.
Tourismus-Service Wenningstedt-Braderup GmbH & Co. KG: S. 189 u.

Titel: Sylt von oben, im Vordergrund Hörnum; Badegäste auf Sylt um 1900
Rückseite: Altfriesisches Haus, Keitum